阅读成就思想……

Read to Achieve

新父母课堂系列

The Art and Practice

孙玉红 ◎ 编著

陪着孩子走向世界

中国父母的五项修炼

of Parenting in China

中国人民大学出版社
· 北京 ·

图书在版编目（CIP）数据

陪着孩子走向世界：中国父母的五项修炼 / 孙玉红 编著. -- 北京：中国人民大学出版社，2022.4
ISBN 978-7-300-30424-3

Ⅰ. ①陪… Ⅱ. ①孙… Ⅲ. ①家庭教育－中国 Ⅳ. ①G78

中国版本图书馆CIP数据核字(2022)第042035号

陪着孩子走向世界：中国父母的五项修炼

孙玉红　编著

Peizhe Haizi Zouxiang Shijie: Zhongguo Fumu de Wu Xiang Xiulian

出版发行	中国人民大学出版社			
社　　址	北京中关村大街31号		邮政编码	100080
电　　话	010-62511242（总编室）		010-62511770（质管部）	
	010-82501766（邮购部）		010-62514148（门市部）	
	010-62515195（发行公司）		010-62515275（盗版举报）	
网　　址	http://www.crup.com.cn			
经　　销	新华书店			
印　　刷	北京联兴盛业印刷股份有限公司			
规　　格	148mm×210mm　32开本		版　次	2022年4月第1版
印　　张	7.375　插页1		印　次	2022年4月第1次印刷
字　　数	158 000		定　价	69.00元

版权所有　　　侵权必究　　　印装差错　　　负责调换

推荐序

陪伴孩子的方式，赋能胜过富养

毛大庆

优客工场创始人兼董事长

2015年10月，在北极，13岁的女儿在我的陪伴下，一路上踩着碎石、迎着风雪，跑完了自己人生中的第一个半程马拉松，同时创造了世界最"酷"马拉松——北极圈马拉松最年轻参赛选手的纪录。

自那以后，女儿几乎每年都要跟着我跑一两场马拉松，我跑全程马拉松，她就跑半程马拉松。但我为她选择的比赛大都不太"普通"，自从"北极跑"之后，在野鸭湖、南极这些极端环境赛道上，都出现了她的身影。

转眼六年多过去，当年那个瘦弱、青涩的小女孩已经长大成人。她热爱生活、热爱摄影，有着自己对艺术的追求与独到的见解。

诚如这本书的名字《陪着孩子走向世界》，这些年来，我确实陪着女儿一步步地走向世界，但这个"陪"却并不是一个持续状态下的动词，而是一种心理状态。

玉红说，她之所以写这本书，是因为看到数以百万计的中国家庭在教育上的努力与付出，看到中国父母希望并相信孩子可以比自己更优秀的想法正变得越来越强烈。说到底，很多父母不甘心也不愿承认自己的孩子是一个"普通人"，所以才不遗余力地倾注心血。

从本书收录的大量家庭教育的案例中可见，对于父母来说，养育子女的过程其实也是自我修炼与提升的过程。而且，在与孩子的相处中，身体力行是比任何课程都更高效的教育方式。

在女儿成长的过程中，我对她的很多教育方式，其实都是在沿袭着当年我父亲对我的一些做法。

例如，高考结束后，我跟随父母出差，他们坐软卧，却给我买了一张硬座车票，还一再强调，白天可以去软卧车厢找他们玩，但晚上必须回硬座车厢。

我至今都对那次硬座之旅记忆深刻，不仅是因为父亲所恪守的原则，更是因为他没有使用任何说教的教育方式。

父亲对我的影响是潜移默化的，在我的记忆里，他从不指责我，也不对我讲什么大道理。可是，在他几乎无痕的言行引导下，随着我接受的教育越来越多、读的书越来越多、了解到的世界也越来越多元，我对英雄主义、民族大义、家国天下也有了越来越深刻的感知与理解。如今，我在待人接物、工作生活中的很多习惯，都与当年父亲以身作则的陪伴密切相关。

在我的成长过程中，父亲始终在向我传递着一个"普通人"的信息和概念，他没有对我说过一句类似"你要做普通人"的话，我却早已理解了"普通人"的含义。

所谓"普通人"，并不是指一个人的一生过得庸庸碌碌、一事无成，而是一种生活态度，一种对生活最强大的适应能力，无论贫穷或富有、成功或挫败、高峰或低谷，一个人只要永远拥有普通人的心态和适应度，他就拥有宝贵的、取之不尽的财富。

父亲留给我的这份人生财富，我几乎原封不动地留给了我的女儿。

如今，女儿已经长大，去更广阔的世界闯荡，我们在同一座城市、一起吃饭、面对面聊天的时光越来越少。有时我会很想她，也会想起当年北极刺骨寒风中那个弱不禁风的瘦小背影，我就站在她的身后，与她一同感受着刺骨的寒风与坎坷的马拉松赛道，我见证了她对大自然的挑战。

一念至此，心中既有忆往昔的感慨，又有着满满的成就感，就像本书中提出的"学习型家庭"的理念，这正是身为人父的成就所在。**相比父母对子女的灌输式教育，乃至丰厚的物质给予，孩子在成长过程中所能获得的最宝贵的财富，其实是其学习力。**

父亲当年对我的谆谆教导，以及我对女儿的身体力行，都在验证着学习力的重要性：**当一个人拥有了自主学习的能力，就拥有了闯荡世界的勇气和最核心的资本。**

这些年，我的工作非常繁忙，很少能有大块的时间全身心地陪伴在女儿身边，但这个自幼就已学会自立、自强、自主的姑娘从未令我失望——她学业有成，有着很高的人生理想，以及健全而独立的人格。

在与女儿的交流中，我一直通过各种方式向她传递学习的力量、学习的精神，以及学习的境界。学习的力量可以让孩子逐渐养成勤学的习惯，学习的精神则可以让孩子拥有更强的求知欲和上进心，而学习的境界则能告诉孩子，学习的初心是拥有一份对于世界、社会、家庭的责任与担当。

父母在打造学习型家庭的过程中扮演着多重角色，既是孩子的榜样，又是孩子的伙伴，更是孩子的赋能者。

我非常同意玉红在书中的一个观点：家庭是一个小型组织，组建家庭、养育子女，和现代企业管理的很多模块（比如品牌、战略、营销、品控等）都有着共通之处。

看着女儿一天天地成长，拥有更出色的学习力，无论是难得一聚时的促膝谈心，还是天各一方时的微信视频，距离都已变得不再重要。十几年间，我已经将身为人父所能传递、赋予的精神，毫无保留地给了女儿，让她在面对困难和挫折时，真正做到学以致用、克艰胜险。

写到这里，我不由地想到，耐克创始人菲尔·奈特（Phil Knight）在他的自传中描述了这样一个场景：有一天，他打开儿女的卧室，才突然发现，儿女长大成人，走向了更远的世界。

这样的场景，所有为人父母者早晚都将面对。我们当然可以尝试形影不离地"陪着孩子走向世界"，但更关键的问题是，在陪伴的过程中，我们有没有为孩子进行真正有意义、有价值的赋能？

可能很多中国父母都一直没有想清楚这个问题。

事实上，终有一天，我们的陪伴使命将完结，长大成人的孩子将独自闯荡。世界之大，父母与其扮演其事无巨细的陪伴者，不如成为以身作则的赋能者。如何做到这一点？相信你在读过《陪着孩子走向世界》一书后，一定可以找到参考答案。

与所有为人父母者，共勉。

序

教育最大的焦虑，来自父母。

未来最大的竞争力，也来自在家庭中培养的孩子们。

2021年10月23日，第十三届全国人民代表大会常务委员会第三十一次会议通过了《中华人民共和国家庭教育促进法》，自2022年1月1日起施行。家庭教育不仅关乎儿童的健康发展，也关乎家庭的幸福和睦，还关乎国家富强、民族振兴和社会进步。

我国数以百万计的重视教育的家庭正在培养中国未来的人才大军。

在全世界范围内，从国内到国外，从北京到硅谷，全世界的学习型家庭都在为下一代的教育而努力，父母的积极上进体现了对下一代的认真负责。尽管孩子从名义上说是父母的，但他们最终是社会的、是未来的。未来国家之间的竞争，就是下一代人才之间的竞争。得人才者得天下！

中国改革开放后的40多年，是波澜壮阔的40多年，也是中国融入世界的40多年。很多普通人的命运发生了重大改变，那是积极的、向上的、实现中国梦的改变，中国经济的成功是建立在众多普通人的人生逆袭、中国梦梦想成真的基础上的。

在一个教育依然能改变命运的时代，父母相信孩子可以比自己做得更好：那些自己年轻时没机会读大学的父母，希望孩子成为家里的"第一代大学生"；那些通过个人的努力改变了命运的人，希望孩子能上名校，弥补自己教育不足的遗憾；那些通过知识改变命运、从名校毕业的父母，则希望孩子延续自己的辉煌，甚至能超越自己！那些自己没有机会出国留学的父母希望孩子可以走出国门，去看更大的世界。千钧重担、万千期盼，都落到了这一代孩子的身上。

在"双减"政策和《中华人民共和国家庭教育促进法》颁布之前，早教、补课、辅导班、择校、竞赛等，几乎挤满了孩子从出生到学龄阶段的所有时间。怪不得有人说，这代人可以被称为"课外班一代"！

"双减"政策旨在减轻学生负担，减少课外培训，提倡"让家庭教育回归本真，以德为先，培养好思想、好品行、好习惯，在未成年人品德培养上彰显其重要地位和作用"。这一政策令规模庞大的培训行业迅速降温，成为中国父母减负的福音。然而，突然失去了辅导班的"抓手"，使其无法填满孩子的课外时间，父母又会感到迷茫——如果不能补课、不能上辅导班，那么父母可以做什么？

在开车需要机动车驾驶证、厨师需要厨师证，连家政都需要家政服务员证的今天，肩负着培养国家未来人才这样重大使命的父母却在"无证上岗"！

不同的时代需要不同的育儿理念，曾经激励父母成功的那套方法放在孩子身上未必有效。在这个"互联网+全球化"的时代，父母需要不断学习，做学习型父母。父母不应焦虑地以"成才"之名将孩子驱赶到"上名校"的拥挤赛道上，而应积极地为孩子打开通向世界的大门，让孩子释放潜能，成为未来社会所需要的国际化人才。

要做到这一切，就需要父母不断地学习，让每个家庭成为学习型家庭。

* * *

2016年，我创办了问校友App，并邀请了3000名世界名校校友解答中国家长遇到的教育和留学问题。2017年，我又创办了问校友家长学院。

我之所以将这个公益教育平台起名为"问校友"，就是希望中国的青少年能借鉴各位名校校友的成长经历，促进自身健康成长，即"问校友，做校友"，用名校之光照亮自己的成长之路。

从创办问校友家长学院开始，我每周都会邀请我周围的名校校友、校友父母前来讲课和分享。由于我毕业于哈佛大学，因此我最初邀请的嘉宾中以哈佛大学校友为主。在此之后，我又邀请了他们的父母，与大家分享他们的教育理念。后来，嘉宾又扩展到世界多所名校的校友以及他们的父母。

多年坚持每周分享让我们慢慢发现，在这些"别人家的孩子"的成长过程中存在着共通的规律，于是，我也将部分分享内容总结后形成了本书第一部分的理论基础，即中国父母的五项修炼。在本书的第二部分，我精选了15个案例，这些案例来自部分父母的分享，他们是五项修炼的践行者。在此，我非常感谢这些年问校友家长学院的导师和嘉宾在讲课过程中提供的大量的真实素材，使本书能够在大量案例的基础上进行研究。

2017年底，我作为哈佛大学战队的队长，与我的三位队友参加了江苏卫视举办的《一站到底》世界名校争霸赛。这档收视率颇高的节目，不仅仅是一档答题闯关类电视节目，更像访谈类节目，因为主持人会请各参赛队员分享各自的成长经历。

◎《一站到底》世界名校争霸赛比赛现场。
该图片由作者提供（来源：江苏卫视官方微博）。

我与这三位优秀队友在南京共处一个星期，我们并肩作战，最终赢得冠军。在该节目的备战过程中，我也对耶鲁大学、斯坦福大学、麻省理工学院等战队的队员们的成长故事感到好奇。我非常想知道，这些优秀人才的背后，有着什么样的家庭和成长故事？他们的父母在培养他们的过程中，是否存在着共性？

也正是这次参赛经历，更坚定了我想写这本书的信心。

* * *

20年前，美国麻省理工学院（Massachusetts Institute of Technology, MIT）的教授彼得·圣吉（Peter Senge）的《第五项修炼：学习型组织的艺术与实践》（*The Fifth Discipline: The Art & Practice of the Learning Organization*）一书曾风靡一时。顾名思义，这是一本号召人们打造学习型组织的书。"艺术与实践"被翻译得出神入化——修+炼！

《第五项修炼》一书被誉为"21世纪的管理圣经"，在全世界范围内具有深远意义和影响力。此书在很短的时间内席卷神州大地。时至今日，当时投身于"学习型组织运动"中的热血青年如今大多已步入中年，其中大多数人都已为人父母，他们也都在为孩子的教育和家庭的未来而焦虑、奋斗着。

如今，重读《第五项修炼》，我又从中读出了它为中国的家庭教育带来的富有意义的、不同寻常的启示。

企业有企业的目标和使命，从提升人类生活的福祉，到推动人类社会的进步。为了这一目标和使命，必须将企业打造成学习型组织，以应对时代变化，提高企业的应变能力。

如果把家庭当作一个组织呢？家庭也是有使命、有愿景、有团队的组织，小到孩子的健康成长，大到为社会培养杰出人才。可以说，家庭的重要社会性功能就是培养下一代，让社会不断进步。因此，家庭也应该成为一个学习型组织。父母要学会如何以开放的心态与时俱进，不断学习，与孩子、社会一起成长。因此，我认为家庭的使命从这个意义上讲与企业的使命类似。那些优秀的、负责的、肯付出的父母，为了让孩子得到更好的教育，让孩子超越自己这一代人，让孩子有机会接受更好的教育而拼尽全力，不仅值得被鼓励和肯定，更值得全社会的感激。

中国父母希望孩子不要输在起跑线上，不要输在弯道超车点上，更不要输在终点线上，这些想法与企业在竞争中的求胜心态是一样的。有时，这些想法会被外界简单地指责为"焦虑"。其实，中国父母要想缓解这种"焦虑"，就需要更系统的指引和指导，而不是简单地用是否应送孩子去辅导班等方式来解决。

我认为，有关子女教育等问题，求教于心理学家是不够的。通常情况下，孩子没有问题，父母也没有问题，但亲子之间之所以时有冲突、时有焦虑，是因为父母对孩子有更高的要求，对孩子的未来有更高的期待。因此，父母也应不断学习，并打造学习型家庭。由于这种学习并不是来自书本上的，而更多的是体验式的，因此在实践中需要不断学习和精进。正如"修炼"的英文被翻译成"艺术与实践"一样，为人父母也既是一门艺术，又是一种实践。

尽管家庭组织的"五项修炼"与企业的"五项修炼"的具体内容不同，但核心一致，即都强调系统和整体性，家庭的五项修炼也是强调系统的重要性，五项修炼缺一不可。它们是：成为更好的自己、给予孩子无条件的爱、为孩子赋能、构建高情商家庭、规划与执行。希望每一位阅读此书的家长能从五项修炼中找到缺少的那一项或几项。

祝愿每一个家庭都能成为学习型家庭，父母也能在五项修炼中成就未来有竞争力的下一代，陪着孩子走向世界。

为自己，为社会，为国家。

目录

第一部分
中国父母的五项修炼

第 1 章　第一项修炼：成为更好的自己 _007

第一个层面：更自律 _008

第二个层面：有更高的道德标准 _009

第三个层面：更新知识、更新观念 _010

第四个层面：挑战自己 _011

第 2 章　第二项修炼：给予孩子无条件的爱 _017

什么是有条件的爱 _017

什么是无条件的爱 _019

是什么阻碍了父母向孩子表达无条件的爱 _023

如何正确地表达无条件的爱 _026

第 3 章　第三项修炼：为孩子赋能 _030

何为赋能 _031

如何为孩子赋能 _032

第 4 章　第四项修炼：构建高情商家庭 _041

构建高情商家庭的三个方面 _042

如何提高家庭情商 _054

第 5 章　第五项修炼：规划与执行 _057

培养孩子是一项"系统工程" _059

如何为培养孩子进行系统规划 _063

如何将规划执行到位 _073

无条件的爱、高情商、执行力，三者缺一不可 _076

第二部分

案例精选

第一项修炼案例：成为更好的自己 _084

张卜凡的故事：为激励女儿，我考上了哈佛大学 _084

于智博的故事：从输在起跑线上的男孩到《一站到底》"哈佛男神" _091

于星垣专访："哈佛男孩"是如何炼成的 _099

第二项修炼案例：给予孩子无条件的爱 _108

邹翃燕的故事：我是如何用 29 年把脑瘫儿子送进哈佛大学的 _108
何江的故事：从湖南农村到哈佛大学毕业典礼演讲台 _116
兰伏的故事：如何把特殊的孩子培养成才 _124

第三项修炼案例：为孩子赋能 _136

王建军的故事：体育精神让孩子更强大 _136
毛大庆的故事：我陪女儿跑马拉松 _144
肖静的故事：我陪女儿去航海 _152

第四项修炼案例：构建高情商家庭 _163

杨澜的分享：如何做有格局的父母 _163
敬一丹的故事：跟着妈妈学当妈 _171
周天歌的故事：如何让孩子快乐学音乐 _177

第五项修炼案例：规划与执行 _184

宋丹琦的故事：做对三件事，我把孩子送进了哈佛大学 _184
王馨怡母亲的故事：哈佛大学为何对她如此青睐 _193
苏珊母亲的故事：美高女孩圆梦麻省理工学院 _201

后记 _211

The Art and Practice of Parenting in China

第一部分

中国父母的
五项修炼

父母常会有这样的抱怨和困惑：

- 我辛苦打拼、自强自律、有很强的事业心并努力为孩子做出榜样，为什么他却离我越来越远？
- 我辞去了令人羡慕的工作全职在家，为孩子付出了全部的爱，为什么仍然教育不好孩子？
- 我顺应孩子的天性任其自由发展，为什么他却越来越没有自信？
- 我给孩子报了好多辅导班，为什么他的成绩依然不好？
- 我倾尽全力送孩子出国接受更好的教育，为什么他却崩溃了？
- 我为孩子规划了一条非常好的成长道路，为什么他却不听从、不配合？
- 为什么有的单亲家庭培养出来的孩子很成功？

…………

这样的问题清单可以列得很长，很多人的家里书架上摆满了育儿书，从孩子出生起便照着这些书培养孩子，可仍然鸡飞狗跳，孩子到了青春期非常叛逆。

我也看过不少育儿类的书，但很多书讲的都是"局部"，比如亲子关系、沟通技巧、家庭关系、母亲的角色和影响……然而，教育孩子是一项系统工程。父母只有了解了教育所需的全部技能，了解了家庭教育的全貌，才能避免挂一漏万、只见树木不见森林。

打造学习型家庭，父母需要以下五项修炼：

- 成为更好的自己；
- 给予孩子无条件的爱；
- 为孩子赋能；
- 构建高情商家庭；
- 规划与执行。

五项修炼，缺一不可！你可能的确为孩子付出了很多，但是没有正确的教育方法；你可能顺应孩子的自然生长，却没有规划与执行……很多教育失败的案例，都能依循这个系统查找缺失的一项，进而找到原因。

这五项修炼是一个整体，无论是单独的哪一项都不宜独立运用，而且单独修炼哪一项也不容易看到成果。这五项修炼互为支撑，彼此之间也有一种递进的关系。图1可表现出这种关系。

回到学习型组织的企业原型中看，一家成功的企业，仅有战略、营销、质量、品牌等某一项是不够的，只有这些方面都很强，才能成就成功的、基业长青的企业。

关于这五项修炼的关系，你可以从以下五个方面去理解。

第一，为人父母者，当你要开始教育孩子时，要先保证你自己的状态是对的、好的，你要成为更好的自己。 只有你是自信的、平和的、公平的、理性的，对自己是满意的和尊重的，你才能对孩子进行正向的引导和教育。你不能把自己的负能量带给孩子，不能把自己工

```
         成果
     规划与执行
     （方法论）
   构建高情商家庭
   （营养和水土）
    为孩子赋能
    （教育的目的）
  给予孩子无条件的爱
   （亲子关系的质量）
   成为更好的自己
   （父母自身的状态）
```

图 1　父母的五项修炼

作上的压力带给孩子，也不能仅仅因为孩子"不听话"就恼怒地惩罚孩子。

第二，你要给予孩子无条件的爱。你与孩子的关系应该是有爱的、信赖的、彼此尊重的，不带任何条件的。这样的爱才是最可依赖的、最安全的。

第三，为孩子赋能。基于这样的信任和爱，你与孩子之间的沟通才可能是顺畅的，你对孩子的教育和引导才是可能的。这样的教育才能让孩子成长，让孩子更自信、更有能量，才能为孩子赋能。

第四，构建高情商家庭。家庭是孩子成长的环境，宛如植物成长的土壤，只有土质肥沃、水分适当、阳光充足，植物才能茁壮成长。

这就要求构建高情商家庭，让家庭气氛和谐、沟通高效。

第五，规划与执行。就像任何组织都需要发展规划一样，你需要基于爱和承诺，基于对孩子天赋的了解，为孩子的成长做规划与执行，陪伴其成长。这是父母的责任，也是父母的智慧。

基于上述修炼，你给孩子报的辅导班、培养其爱好和特长、鼓励孩子追求好成绩等才更有意义。只有这些都能顺利地、愉快地进行，才有可能迎接成果的到来。

这五项修炼如同五级台阶，层层递进。在日常生活中，很多父母往往忽视了前三步或前四步，直接跳到规划与执行，然后就要成果，这样会引发各种问题，如焦虑、压力、叛逆、抑郁等。如果没有前三或前四级台阶，想一下子跃至第五级台阶是不现实的，而且从第五级台阶一跃而下也是很危险的。

因此，我在本书中为父母们搭建起了五级台阶，并将在台阶之上迎接你和孩子。让我们一起期待必然到来的——成果。

第 1 章

第一项修炼：成为更好的自己

成为更好的自己，是为人父母的第一步，也是教育子女的开始。

每个孩子都有天赋，也都非常聪明，他们能感受到父母的状态。因此，父母自身的状态会最直接地影响到教育子女的成果。很多教育理念都认识到了父母的作用，也有人将这种关系称为"言传身教"，还有人说"父母是孩子的第一任老师"，这些都是正确的描述，但其背后的道理远远不止这些。

成为更好的自己，并不是要求父母成为所谓的"成功人士"，或是成为企业家、教授等才有资格教育孩子。成为更好的自己，是指**成为你能力所及的更好的自己，成为让自己满意的自己**。更好的自己，可以是事业上更成功的你，可以是回归家庭的你，可以是学习一门新技能的你，可以是管理好自己情绪的你……你的良好的状态会给孩子最大的滋养。

我们常说"好的爱情能让我们成为更好的自己"。同理，孩子的到来也能让我们成为更好的自己。孩子让我们更勇敢、更愿意付出、更有责任心、更有爱心。不少人在有了孩子后，往往会把所有的精力都放在孩子身上，要求孩子做这个、做那个，却很少重新审视自己。身为父母，我们的肩膀就是孩子的起跑线。我们的肩膀有多宽广、内心有多强大，孩子就能在未来的路上走多远。孩子会学习并模仿我们的一举一动，我们就是孩子的第一任老师。我们对自己满意，孩子就会对自己满意；我们自律，孩子就会自律；我们对家人和善，孩子就会善待他人；我们做人有原则，孩子就会有原则。因此，我们一定要以身作则，在孩子面前更要努力成为更好的自己。

成为更好的自己，包含以下四个层面。

第一个层面：更自律

不少人在成为父母后都慢慢养成了好习惯，并变得更加自律，通常包括（当然不限于）以下方面：

- 为了孩子，少看电视、少刷手机，多读书；
- 为了孩子，语言更文明，举止更恰当；
- 为了孩子，多吃健康食品、多参加户外运动，让家庭的生活方式更健康；
- 为了孩子，多举行全家一起参与的活动，让家庭氛围更为和睦；
- 为了孩子，尊老爱幼、善待他人，对家政人员、饭店服务员、外卖小哥等人提供的服务说"谢谢"；

　…………

在美国，很多年轻人在决定结婚生子时，都会发生特别大的变化。决定结婚对他们来说是一个重大的决定，因为在做出结婚的承诺后，就意味着要对下一代负责。他们通常会从市中心搬到郊区生活，会为假如生两至三个孩子的情况进行规划，会戒烟、戒酒。婚后，他们也会把家庭和孩子放在重要的位置。他们在晚上和周末通常很少出去应酬，而是在家陪孩子。除了在纽约等大城市，在其他城市生活的人通常没有什么夜生活。

当然，在不同的文化背景下的人，生活方式也会有所不同。不过，无论是谁，在做了父母后，对于生活中的很多事都要很自律。因为只有我们有好习惯，孩子才能跟着我们养成好习惯。

有句话是这么说的："好习惯带来好行为，好行为带来好成果，好成果带来好未来。"的确，习惯是一种顽强而巨大的力量，可以主宰人生。好习惯是人生最大的财富。

在我们尚未为人父母时，我们可能会有很多不良习惯；为人父母后，我们就会自觉地改掉一些不良习惯，养成好习惯。是孩子的到来，让我们发生了这样的改变，让我们成为更好的自己。

第二个层面：有更高的道德标准

成年人的世界比较复杂，我们往往不得不屈服于丛林法则，在黑白之间的灰色区域模糊着行为边界。然而，在我们为人父母后，应该给自己提出更高的道德标准，给孩子做个好榜样，做一个好父母、好公民。

我们希望孩子成为敬业的人、诚实的人、道德高尚的人、有责任心的人、有追求的人……我们希望孩子成为什么样的人，我们就要先成为那样的人。因为我们的所作所为都被孩子看在眼里：事情可以小到不随便扔垃圾、不踩草坪、开车系好安全带、不闯红灯；大到遇到需要帮助的人能提供帮助，遇到社会上的是非问题能做出正确的选择，遇到一些不正当的行为能够适时勇敢地站出来……

对于社会上的一些负面事情，有些父母可能会有所顾虑：如果现在不教给孩子一些"求生本领"，不告诉他现实的残酷，那么孩子太单纯、将来被人欺负了，该怎么办？

其实，我们要相信，孩子在未来所生活的社会一定会比当下的这个社会更好，我们也只有在现在把孩子教育得更好，他们未来的社会才会更好。也就是说，未来有什么样的孩子，就会有什么样的社会。我们要努力培养有更高的道德标准的孩子，做社会的好公民，这是每个父母的责任。

曾有一个留美学生告诉我，他们几个留学生刚到美国时非常艰难，语言不过关，学习成绩也很差，感到很沮丧。一位教授鼓励他们说："你们是什么样子，未来的中国就是什么样子！只要你们发光，未来就不会黑暗！"他们记住了这句话，最终学有所成。

第三个层面：更新知识、更新观念

你有没有听不懂孩子说话的时候？你有没有和孩子无法交流的时候？你有没有用过去父母对待你的方式对待孩子？你有没有用过时的观念强制孩子服从？

时代在变化，知识在更新。父母也要与时俱进，了解孩子的世界，不断学习如何做好父母。更新知识不仅包括育儿理念的更新，还包括对孩子的世界充满好奇并想去了解，对自己不理解的事物也不要简单地一概否定。

举个简单的例子，当孩子说"不明觉厉""人艰不拆""solo""打野""芭比Q了"等词时，你知道它们的意思吗？

我们需要了解新的知识、社会的新热点，掌握必备的知识，这样才能在需要时与孩子讨论。比如，元宇宙、二次元、德尔塔病毒与奥密克戎病毒的区别、疫苗的原理……我们懂得越多、说得越有道理，孩子越能由衷地佩服我们。如果我们只是简单地说"我是过来人，我说什么都对"，其实是无法赢得孩子的信任和佩服的。

此外，我们还要更新育儿观念，一些"老"观念已经不适应新时代了，如"棍棒底下出孝子""穷养儿，富养女""数学好的孩子最聪明""大人说话，小孩子不能插嘴""吃得苦中苦，方为人上人"等。

第四个层面：挑战自己

这个层面是重点，也是难点。不少父母不知道如何开启孩子的发动机、激发孩子的内驱力，不知道如何激励孩子。说多了，怕孩子觉得烦、唠叨；说少了，又怕起不到什么效果。

孩子在幼儿园和小学阶段，最希望与父母形影不离，也最需要父母，因此这也是父母最容易"教育"和影响孩子的阶段，父母一定要抓住！

孩子在升入中学后便进入了青春期。此时，他们会面临成长的烦恼、同伴关系的压力、学业压力，让他们关上了与父母沟通的大门。有一些孩子被压力压垮，继而选择放弃；有一些父母认为自己除了能给孩子做饭、送水果，其他方面似乎都无能为力。这时，如果父母不仅不能给孩子赋能，反倒一味地指责孩子，就很可能会成为压倒骆驼的最后那根稻草！

其实，孩子在这时也非常需要父母的帮助。那么，父母此时可以做什么呢？

做更好的自己，挑战自己！

我在问校友家长学院认识也见到过很多优秀孩子的父母，他们在支持孩子的同时，也向自己发起了挑战。他们的行为也激励了孩子，让孩子发挥出更大的潜能。

接下来，我想分享肖盾和他父亲的故事。

肖盾先后就读于人大附中、英国米尔菲尔德中学、剑桥大学。毕业后在伦敦投行工作，后来辞职回国创业，如今在北京一家知名的创业公司做 CEO。

在人大附中读书时，肖盾算不上传统意义上的"好学生"——他活泼好动，常常挑战规则，还痴迷游戏。其实，每个好动的男生都会在中学遇到一道"坎"，如果跨过了那道坎，就能成为一个"有个性、多才多艺的好学生"；如果跨不过去，就只能成为一个"被个性耽误的普通学生"。此时，简单的批评或鼓励往往都不太奏效，指责打骂更于事无补，只能让孩子更反叛。肖盾的那道"坎"，就是痴迷游戏。

肖盾的父亲为了激励他，决定去挑战自我，学习游泳。父亲已经50岁了，这对他来说着实不易。父亲对肖盾说："我可以学会游泳，你能不能管理好打游戏的时间？"肖盾当即同意，在他看来，父亲从零开始学游泳的难度似乎更大。

当孩子遇到重大挑战时，往往需要有非常大的动力。在这种情况下，肖盾的父亲对肖盾行动上的激励远远大于语言的鼓励、物质的奖励。结果想必大家都能猜到了：肖盾的父亲学会了游泳，肖盾顺利度过了青春期，考上了剑桥大学。虽然这件事看起来比较戏剧化，但了解肖盾成长经历的人都知道，他每一次的进步都离不开父母的身体力行。

除了肖盾和他父亲的故事，我还建议你去阅读第二部分中的于智博的故事。我经常在演讲中与大家分享他的故事，并且基于他的故事而录制的《从输在起跑线上的男孩到〈一站到底〉"哈佛男神"》，也是问校友家长学院线上课堂中收听率最高的课程之一。

于智博从小调皮捣蛋，学习成绩处于中等偏下水平。在父亲多年坚持不懈的鼓励下，他不断攀登人生高峰——考入哈佛商学院、攀登珠峰。即使是他在美国花旗银行工作后，他的父亲依然继续激励他，和他约定每年陪他爬一座海拔大约3000米的高山。

我们可以想象，在父母克服困难、成功挑战自己后，将会给孩子带来多大的动力！接下来，我想与你分享丰莉婷及其母亲的故事。她是《一站到底》节目中我们哈佛大学战队的一名队员，也是唯一的哈佛大学本科生。学心理学的她，在《一站到底》的舞台上闪闪发光。

丰莉婷的母亲早年移居美国，同很多早年赴美的华人一样，在中餐厅、加油站等场所从事普通工作。但她以自己的方式全力支持女儿。

中学时，丰莉婷赴美读书。她在高中复习迎接 SAT 考试时，母亲也报考了 MBA，准备与女儿一起挑战自己。每天晚上，丰莉婷与母亲一人一盏台灯，在同一张桌子上备考。

像丰莉婷的母亲这样挑战自我、身体力行地支持孩子，无疑会让孩子产生巨大的动力，这远远大于母亲为孩子煲一锅汤、送几次水果，或者不断唠叨着让孩子早点睡觉。

父母挑战自己、激励孩子，有的是被孩子"逼"出来的办法，如肖盾的父亲学游泳；有的则是可以设计出来的，甚至父母自己都不确定自己能否完成。这样的挑战更加真实，也能让孩子看到父母遇到困难、遇到困境时是如何坚持下去的。第二部分中介绍的张卜凡的分享就是这样的：为了激励女儿，他考上了哈佛商学院。

如今，绝大多数孩子从小就生活在衣食无忧的环境中，因此物质激励、语言赞美在他们看来都已司空见惯，还有什么激励是有效的？

其实，孩子真正要看的，就是父母到底是不是真的在乎，如果真的在乎，就做给孩子看。正如张卜凡，他以自己考入哈佛大学作为对女儿的激励，真正激发了女儿的内驱力。

你可能会觉得张卜凡仅属于个例，而且有些不可思议，毕竟考上哈佛大学哪是那么容易的，更何况是中年人。其实，每个人都潜力无限。

我是 32 岁考入哈佛大学的。在考哈佛大学前，我从来都没想过自己可以在 30 多岁时重新拿起书本学习，重新考托福，重新准备申请学校，重新背井离乡，开始留学生涯。

我举张卜凡和我自己的例子，并不是呼吁大家都去考哈佛大学。所谓"挑战"，可以是多种多样的，举例如下。

- 身体挑战：如跑步、健身等。
- 学习挑战：如读书、学一门外语、学一样乐器等。
- 社会挑战：如参与一项对社会有益的公益活动。

无论是哪种挑战，只要让孩子认为这件事情对你来说很难，就够了。哪怕是与孩子分享你在工作中遇到的困难，你与孩子一起讨论解决这个困难的计划，孩子也能从你战胜困难的过程中看到你的努力。一旦你做到了，就能给孩子树立一个正面、积极的榜样，也能给你和孩子的人生带来不一样的体验。

哈佛大学教育学院教授费南多·雷默尔斯（Fernando Reimers）曾在问校友家长学院讲过一次课。他说，他会与孩子讨论自己在工作中遇到的困难甚至是困境，让孩子参与讨论，并听取孩子的意见。在这样的讨论中，孩子可以了解什么是更合乎道德的决定，以及如何在困难的情况下做出正确的决定。这种讨论通常也有助于成年人做出正确的决定。

在日常生活中，当你在教育孩子时遇到了瓶颈和挑战，或者孩子遇到挑战而你不知道如何帮助他时，就是你给自己设定挑战的好机会。这不仅能让你成为更好的自己，更能让孩子在受到你的努力的激励后成为更好的自己！

最后，请你拿出一张纸来做个小练习。先列出孩子面临的一项挑战，既可以是你希望孩子在某一方面达到的程度，如钢琴要达到几级、网球要打到什么水平、编程要参加什么竞赛、托福要考到多少分，也可以是孩子自己希望完成什么有难度的事情。然后，你也给自己一个挑战，如学一门外语、每天晨跑 5000 米、通过某项资格考试等。接下来，你们就鼓励、监督对方去完成各自的任务吧！

思 考 >>>>>>>>>>>>>>>>>>>>>>>>>>>>>>>>>>>>>

1. 为了成为更好的自己，你准备在哪些方面挑战自己？
   - _____
   - _____
   - _____

2. 为了更自律，你要做到哪三件事？
   - _____
   - _____
   - _____

3. 为了达到道德上的更高标准，你对自己有哪三个要求？
   - _____
   - _____
   - _____

4. 为了挑战自己，你要做到哪三件事？
   - _____
   - _____
   - _____

第 2 章
第二项修炼：给予孩子无条件的爱

陆游云："汝果欲学诗，工夫在诗外。"

培养一个孩子也是如此，在于孩子学习之外的"功力"。

培养一个优秀的孩子，父母的工夫也在"诗外"——这不在于父母给孩子报了多少辅导班，也不在于他小学的学习成绩，更不在于他是否能考入名校，而在于父母是否有爱、有格局、有定力，以及是否能给予孩子无条件的爱。

什么是有条件的爱

在讲无条件的爱之前，我先来讲有条件的爱。

一个人在家庭以外的环境中所获得的爱往往是有条件的爱，例如：

- 你成绩好，老师爱你；
- 你篮球打得好，队友爱你；
- 你工作做得好，为公司盈利，公司爱你；
- 你相貌英俊，女朋友爱你；
- 你将团队管理得好，员工爱你。

在以下几种常见的情况下，父母也会在无意识中给孩子有条件的爱。

情况1：聪明

父母往往更喜欢聪明的孩子。如果家里有两个孩子，一个聪明，一个比较迟钝，那个聪明的孩子就更容易获得父母的爱。

情况2：成绩好

父母往往更喜欢成绩好的孩子。如果孩子成绩好，父母的爱就会溢于言表；如果孩子成绩不理想，父母则显得没那么爱孩子。如果是在多子女家庭，父母对成绩好的孩子的偏爱更为明显。

情况3：攀比

不少父母都会在无意识中将自己的孩子与其他孩子相比，而且往往是拿自己孩子的短处与其他孩子的长处相比。父母可能会觉得这是在激励孩子，或者只是无心之语，但对孩子来说，很可能会让他感觉不自信，甚至会感到气愤。有的孩子即使已成年，可能仍会记得小时候父母拿自己跟其他孩子相比时的尴尬。

什么是无条件的爱

与有条件的爱相对的,就是无条件的爱。

出于生物性本能,人是爱自己的孩子的,但无条件的爱并不完全是生物性的,还需要具备自省能力,需要学习和修炼。

◐ 无条件的爱能让孩子自信、自尊、自爱

原生家庭是孩子人生的底色,也是孩子自信心的来源,是伴随孩子一生的祝福或无法摆脱的噩梦。正如阿德勒所说:"幸福的人用童年治愈一生,不幸的人用一生治愈童年。"

孩子在未来能够站多高、走多远,取决于他的自尊水平如何,他只有爱自己、爱别人,才能更为卓越。而孩子的自尊水平的高低,又取决于他小时候父母爱他的方式。

电视剧《都挺好》触动了很多人对原生家庭的复杂感情。

在一个重男轻女的家庭中,小女儿苏明玉从小就在家里受歧视,被要求为哥哥们付出、为家庭付出。母亲的不公平、父亲的没有担当,都给她幼小的心灵留下了阴影。成年以后,她在寻找自我和爱的路上历经坎坷,只能慢慢地自我疗愈。

可见,父母给予孩子什么样的爱,会对孩子日后的发展产生不同的影响。生活中不乏这样的案例:

- 有的孩子敢于接受挑战,无论是成功、失败,都能欣然接受,就算失败了也能努力东山再起;
- 有的孩子一遇到困难就畏畏缩缩,一旦输了就怨天怨地,甚至一

蹶不振、破罐子破摔；
- 有的孩子先天条件并不好，但是无论走到哪里，无论面临什么样的竞争环境，无论遇到什么样的牛人碾压，都能自信、不卑不亢，积极而阳光；
- 有的孩子天赋异禀、条件优越，却在人生路上处处受挫，甚至深陷抑郁之中。

有心理学家指出，有的孩子之所以能自信满满，是因为他们从小就获得了父母无条件的爱，正如我在第二部分分享的何江的故事。

何江的父母都是本分老实的农民，正是他们给予了何江的无条件的爱，才让他走出农村，走入中国科学技术大学、走入哈佛大学。在哈佛大学建校 365 周年毕业典礼上，何江站在了演讲台上，成为哈佛大学历史上首位享此殊荣的中国学子。

可见，无论父母从事什么职业，只要能给予孩子无条件的爱，就能让孩子走得很远。那么，什么是无条件的爱呢？

无条件的爱是父母可以给予孩子的最好的礼物，是孩子提升自信的全部来源。

我们可以通过第二部分王建军的分享来感受这一点。

儿子王远从小内向、瘦弱、多病，王建军从来没有因此而指责他、强迫他，但希望能通过体育锻炼让孩子更健康。王远对团体合作项目很排斥，于是王建军便让王远去练摔跤。后来，王远因高中所有成绩均得 A 且荣获纽约州的摔跤冠军而被哈佛大学录取。

父亲无条件的爱，让从小内向、瘦弱、多病的王远变得健康、自信、优秀。可见，无条件的爱并不需要让孩子因为自己的优秀而获得父母的爱，或是证明父母的爱。**无条件的爱，是父母无条件地去爱这个孩子本身。**尽管父母去爱一个优秀的孩子有时能成为孩子上进的动力，但是一旦他遇到了重大挫折，那么动摇的就不仅仅是他对自己能力的信心，还会对父母是否能继续爱自己产生怀疑。很多看似优秀的孩子一旦遇到问题就会退缩，一旦失败就一蹶不振甚至走上绝路，他们往往都有这样的心理阴影。

如果孩子能感受到父母无条件的爱，那么他会产生什么样的想法和感受呢？比如：

- 我知道父母爱我，无论什么情况他们都会爱我；
- 我竭尽全力是为了让父母为我自豪，而不是为了证明父母爱我；
- 我知道即使我失败了，父母也会坚定地和我站在一起；
- 我做错了事情，虽然父母批评了我，但他们依然爱我；

…………

如果孩子有这样的自信、勇气、底气，他就能更敢于冒险，更敢于挑战自己、挑战未知，也更容易成功。

你可以看看你的孩子是否有这样强大的心理：无论你是否管束着他、无论他是否做了错事，他都知道你爱着他。这种与父母之间强大的纽带和信心，是孩子得以健康成长的一个非常重要的因素。

◐ 无条件的爱能创造奇迹

在这个世界上，只有父母对孩子的爱是无条件的，只是因为他是他们的孩子。父母爱孩子，不会因为他考了 100 分就爱他，他考了 80 分就不爱他；父母爱孩子，不会因为他考上了重点大学就爱他，考上普通高校就不爱他。孩子优秀的成绩、卓越的表现都能令父母自豪，但这不是父母爱他的先决条件。要知道，**无条件的爱，可以创造奇迹**。

我们可以通过邹翃燕在本书第二部分的分享来见证这一点。

儿子丁丁出生时，因发生了医疗事故，他在很长时间内没有心跳、没有呼吸。被抢救过来后，医生都劝母亲邹翃燕放弃，说孩子非痴即瘫。但邹翃燕只说了一句话："我爱他，因为我是他的妈妈。"在丁丁成长的过程中，邹翃燕遇到了重重困难，但从未想过放弃，丁丁也因为母亲无条件的爱而变得自爱、自强。在邹翃燕的陪伴和坚持下，丁丁不仅在能力上赶上了其他孩子，还凭自己的努力考上了北京大学，工作两年后又被哈佛大学法学院录取。

● 无条件的爱能带来更多的爱

在多子女家庭，父母不仅要给予孩子无条件的爱，更要给予每个孩子无分别的爱。

如今，国家全面开放了三孩生育政策，父母能否做到没有分别地对待每个孩子，的确是一个很大的挑战，更需要好好修炼。如果父母让某个孩子感觉自己受到了轻视，就会为其带来心理创伤。在多子女家庭，父母的确很难像天平一样给予每个孩子分毫不差的爱，但至少应平等地尊重每个孩子，有事大家一起来商量。还是以电视剧《都挺好》为例。

苏家的大哥考上了斯坦福大学，但是因没有学费而无法成行，令苏家为难。于是，苏母偷偷地把小女儿苏明玉住的房间卖了，用这笔钱供大哥上学。苏明玉回家后发现自己没有地方住了，勃然大怒，号啕大哭，感觉自己被出卖了——被母亲出卖、被家庭出卖。她感受不到父母的爱，感受不到兄长的爱，感受不到整个家庭的爱。

我想，如果苏家能举行一次家庭会议，让大家共同为这个难题想办法，那么苏明玉很可能会主动提出将她的房间卖掉来支持大哥的学业。这样一来，苏明玉就能感受到助人的力量，大哥能感受到妹妹无私的支持，父母也会为孩子们的手足之情而欣慰，爱会在全家涌动。父母平等、无私的爱，能为全家带来更多的爱。

是什么阻碍了父母向孩子表达无条件的爱

以下几个因素都会阻碍父母向孩子表达无条件的爱。

● 因素1：成绩

有人戏称，孩子的成绩单是家庭和谐的晴雨表。成绩好了，一家人其乐融融；成绩差了，全家鸡飞狗跳。可见，孩子成绩的好坏，是最常见的阻碍父母表达无条件的爱的因素。

其实，当孩子遇到了挫折或是深陷逆境时，更需要父母的爱，以有效地激励他克服困难。

分享一个故事。

有一个孩子在上小学时，母亲去开家长会。老师对她说："你的孩子比较迟钝，学东西太慢，建议你带他去检查一下，看看孩子的大脑会不会有什么问题。"回家后，孩子问她："妈妈，老师跟你说什么了？"母亲说："老师说你很棒，虽然你不是班里反应最快的，但是你是班里最努力的！"孩子听了非常高兴，之后更努力了。

升入初中，尽管孩子非常努力，但是他的成绩还是不理想。开家长会时，老师对他的母亲说："你的孩子成绩太差了，给班里拖后腿，建议孩子留级或转学吧！"母亲回家后对孩子说："初中的学习压力远大于小学，但是你很顽强，即使是遇到困难也不退缩、不气馁，为你加油！"孩子听后，变得更加努力了。

高中时，老师在一次家长会上对这位母亲说："你的孩子肯定考不上大学，你想办法给孩子报所技校吧！"母亲回家后对孩子说："老师说，你是最有希望考上名校的，他对你非常有信心！"

最终，这个孩子考上了清华大学！当拿到清华大学录取通知书时，孩子哭了。他对母亲说："其实，老师在开家长会后和你说了什么，我都知道。感谢你这么多年来这么爱我、保护我，让我从来都没有对自己失去过信心。"

父母爱孩子，就是要爱孩子本身，而不是爱他所能成为的样子，更不是爱他成功之后的样子。 不要让成绩成为爱的障碍。

◐ 因素 2：攀比

正如前文所述，父母将自己的孩子与其他孩子相比，会在无形中与孩子之间形成障碍。每个孩子都是独一无二的，不要将孩子与他人对比，否则这也会影响父母向孩子表达爱。

◐ 因素 3：情绪

有的父母在自己情绪好时，会向孩子表达爱意；在情绪糟糕时，不仅不会向孩子表达爱意，甚至还会给孩子带来伤害。这样一来，孩子就会觉得父母情绪摇摆不定，不仅没有安全感，还会茫然无措，或是从小就学会见风使舵。

有的父母会将自己在工作和生活中的不如意像倒垃圾一样倒给孩子。这不仅会影响亲子关系，还无法让孩子学会正确的情绪管理，当孩子出现消极情绪时无法用正确的方式得到缓解。此外，父母的满腹牢骚在孩子看来，是一种无法掌控和无能的体现，不利于孩子积极地迎接困难和挑战。

◐ 因素 4：青春期

有的父母说，孩子小时候可爱听话，很容易去关心他、爱护他；到了青春期，孩子会变得叛逆、不听规劝、挑战纪律，甚至还会出现很多父母无法理解的情绪问题，因此很难像爱一个小孩子那样去爱青春期的孩子。

对此，我们需要知道孩子在成为一个独立的成年人之前，其大脑和身体发生了什么变化：

- 孩子在探索世界的边界、在认识自己和世界的关系，内心充满了不确定性；
- 那些曾经的梦想正在远去，孩子对自己能力的边界有了比较清醒的认识，但世界是如此现实，他还没有准备好；
- 各种压力袭来，孩子需要独自去应对，内心充满了恐惧，泛起惊涛骇浪；
- 自尊心和独立意识的滋长，又使他拒绝父母的帮助，不希望父母参与决定自己的事情。

在父母看来，孩子对自己充满了"敌意"，他顶撞父母、自我隔绝、拒绝帮助，散发的都是要把父母往外推的负能量。父母也会感到困惑：原来那个与我们无话不说的孩子哪儿去了？为什么他向我们关上了房门？为什么他一言不合就离家出走？为什么他一有压力就变得烦躁、焦虑、抑郁……很多父母被青春期的孩子搞得筋疲力尽，甚至心生绝望。

其实，越有青春期"症状"的孩子，其内心要完成的"重建"越彻底，他也越需要别人的肯定，越需要父母的爱。**他们比以往任何时候都需要父母的爱，尤其是无条件的爱。**正是因为孩子爱父母（尽管他可能没有意识到），觉得在父母这里有安全感，他才会把自己最糟糕的一面给父母看，并希望父母能够包容他、接纳他。

因此，父母只有去理解、接纳青春期孩子的种种行为和表现，去陪伴他走过人生的这一段风雨历程，才能期待孩子在走过青春期后得以"涅槃"，变得更好。好消息是，青春期是有时间性的，短则半年，长则数年，但无论如何都是会过去的。待孩子走过青春期后，他会记得父母曾说过的每一句话，会感激父母在他表现得不可理喻时对他的包容、接纳、不离不弃。

如何正确地表达无条件的爱

任正非年少时，家里经济条件不好。在他去外地求学之前，父亲脱下一双旧翻毛皮鞋给他穿上。其实，父亲当时做苦工，每天泥里水里、冰冷潮湿，他更需要鞋子。这一幕在任正非成年后回想起来，不仅有愧疚，更多的是感激。

在物质匮乏的年代，孩子很容易从物质上的给予感受到父母无条件的爱。在物质富足的当下，父母应如何正确地表达无条件的爱？

◐ 无条件的爱不等于没有原则的爱

无条件的爱不等于没有原则的爱，也不是溺爱，更不是对孩子不做要求。也就是说，父母应对孩子的行为讲原则、有要求，但对孩子的爱是无条件的，这真的是需要好好修炼才能做到的。

◐ 爱要大声说出来

王石在深圳工作时经常出差，他的行李箱上贴满了乘坐飞机时的各种各样的行礼签，几乎看不到箱子原本的颜色。有一天早上，他临行时找不到自己的箱子了，却在房间里看到了一只新箱子。他问母亲，他的箱子哪儿去了。母亲说："这就是你的箱子，我把它洗干净了！"王石听后非常生气，说了句"你以后不要再动我的东西"就出门了。多年后，当再次回忆起这件事时，他说："当时我真不应该那样和母亲说话，而应该说'谢谢你'。"

母亲默默地为儿子洗箱子，是她那一代人独特的沟通方式，与我国提倡含蓄的历史文化有关。然而，孩子未来将要面临的世界更开放、更全球化，大家更习惯于公开地表达爱。因此，我们要从小培养孩子能够自由、自如地表达爱的能力。要想做到这一点，父母要先以身作则。

其实，父母可以在任何情况下向孩子表达爱，例如：

- 日常为他做饭、洗水果时，开车接送他上下学时，都可以对他说"我爱你"；

- 当孩子取得进步时,要对他说"我爱你";
- 当孩子遇到困难和挫折时,更要告诉他"我爱你";
- 当孩子犯错误时,你要告诉他,正是因为你爱他、希望他变得更好,才要批评他。

向孩子表达爱,才能让爱的种子深深地植根于孩子的内心,让他更健康地成长。

思 考 >>>>>>>>>>>>>>>>>>>>>>>>>>>>>>>>

1. 你认为你的孩子最大的优点是什么?如果有多个孩子,请为每个孩子单独列表。

    - _____
    - _____
    - _____

2. 你认为你的孩子最大的缺点是什么?如果有多个孩子,请为每个孩子单独列表。

    - _____
    - _____
    - _____

3. 如果孩子永远都不会改掉这些缺点,那么你还会爱他吗?

    _____
    _____

4. 如果你的孩子正值青春期,那么他在这个阶段最令你感到不快的三个行为是什么?
- _____
- _____
- _____

5. 请为第四个问题的三个行为找出合理的理由（即分析他背后的需求），这样有助于你继续爱他。
- _____
- _____
- _____

第 3 章
第三项修炼：为孩子赋能

我们常说，父母有格局，孩子更优秀。

那么，父母的格局来自哪里呢？来自其高度和全局观。

每个家庭的日常生活都是平凡的，身为父母，我们应从每天陪孩子写作业、接送孩子上下学等小事中看到培养孩子的方向和意义，这样才不会令我们失去方向，也不会让我们为小事而感到焦虑。

美国心理学家大卫·埃尔凯特（David Elkat）说："无论一个人的生活环境如何，当好父母，最基本的是要给孩子两样东西——根和翅膀。"也就是说，我们需要通过爱给孩子根，通过赋能给孩子翅膀。

如今，关于教育孩子的理论和技巧非常多，我认为，无论是哪种理论和技巧，评判其好坏的标准只有一条——**能否给予孩子内心强大的力量，即能否赋予孩子成长的力量**。也就是说，凡是能给孩子赋能的，就是好的教育理论和技巧；凡是削弱孩子自身能力的，让他产生过多压力甚至让他透支自己的，就不是好的教育理论和技巧。

父母在接触各种教育理论和技巧之前，一定要思考上述标准。孩子总有一天会长大成人并离开家，去更广阔的世界。我们在今天所做的一切，都是为了那一天的到来而做的准备，以让孩子成为一个身体健康的人、一个心理健康的人、一个独立的人、一个有知识的人、一个有独立思考能力的人、一个对社会有益的人、一个推动人类社会进步和发展的人……一步一步，要求越来越高。

由于长期从事哈佛大学校友会工作，我认识了很多哈佛大学校友，且自创办问校友家长学院以来也接触了众多来自世界其他名校的校友。那些优秀的、考进名校的孩子，虽然他们所学的专业不同、经历不同、个性不同，但是他们的共性可以用一个词来形容——有能量。这份能量是父母通过长期培养赋予孩子的，即为孩子赋能。

何为赋能

赋能不是打开电器的开关，不是来一顿鸡汤，也不是往千里马的身上抽几鞭子。赋能，更像培育一棵果树：种下一株幼苗到成长为可结出累累果实的大树。在这个过程中，它需要经历风吹日晒雨淋，你还要为它浇水、施肥、杀虫、剪枝。

树木结果是健康苗壮的成年果树的基本能力，你既不能忽略它，也不能过于打扰它：给它浇水太多，它可能会涝死；也不能施过多的肥，它可能会烧死；不能不切实际地期待它在早春开出盛夏的花；也不能在种下去的第一年就期待它结果，而是要尊重其生长周期。用有经验的果农的说法就是,一旦开始结果,只要后期管理得当,它就会是一棵高产的果树,那时你就可以轻松地享受果实了。另外,果农都知道,"桃三、杏四、梨五,柑橘则需要八年才能结果"。有的孩子早慧,有的孩子晚熟。要尊重不同水果的成熟规律,更要尊重不同孩子的成长规律。

可以说,为孩子赋能,就是顺应孩子的成长方向,基于其天赋去培养他成才;就是培养孩子的自立能力、自学能力,让他发现自我价值,从而为社会创造价值;就是让孩子每一天都能比前一天学到更多的知识,有更强的能力,对自己更有信心,在自我实现的道路上尽情奔跑!

如何为孩子赋能

父母可以从以下五个方面为孩子赋能。

◉ 培养良好的习惯

美国心理学家威廉·詹姆斯(William James)说:"播下一个行动,收获一种习惯;播下一种习惯,收获一种性格;播下一种性格,收获一种命运。"

人是习惯动物。如果能在年少时养成好习惯,就能受益终生;反之,则会受累终生。我们要让孩子知道,自律是自由的前提,有自律才有自由,这样才不会成为不良习惯的奴隶。

规矩是要给孩子上的第一课,有规矩的孩子才更有安全感。孩子在学龄前及上小学后,父母要注意帮助孩子培养好习惯,并为孩子设立规矩。在刚开始设立规矩时会比较难,但是一定要坚持。父母无须为孩子设定太多的规矩,但设定之后一定要执行。以下为"哈佛家长"王建军、宋丹琦、朱文琼帮助孩子培养好习惯的故事。

王建军在孩子特别小的时候,就要求孩子自己叠被子。他说,虽然这件事看起来非常小,但是一旦让孩子形成了习惯,就会给孩子带来非常大的积极影响。

* * *

宋丹琦的儿子不仅被哈佛大学早申请录取,而且他在小提琴方面造诣颇深,是美国青年交响乐团小提琴副首席。她的儿子之所以能达到这样的水平,是因为她在儿子上小学之前就和儿子约定,每天六点半起来练琴。尽管在一开始时对于大人和孩子来说都特别困难,但她陪伴着儿子坚持了下来,他们的这个约定也成为儿子日后的生活习惯。

* * *

朱文琼对孩子有个要求:手机不能带进房间。因为如果孩子拿着手机进房间,就很可能会与同学聊天或是做其他分心的事情,影响孩子的学习和睡眠。

不要小看叠被子、练琴、手机不带进房间这样的事,一个好的小习惯能自然导入另一个好的小习惯,这能让孩子意识到自己能做到,从而变得更自信。此外,常年保持某个习惯,也能让孩子变得更自律。

🔴 体育锻炼

如今，人们面临着越来越大的压力和挑战，待竞争激烈到一定程度时，说到底就是身体素质的竞争。不少孩子都从体育方面着手，带动了学习成绩的提高，继而让更多方面都变得更为优秀。

丰莉婷在上高中时是学校长跑队的队员，每天坚持锻炼两个小时。等她长跑回来后，还要写作业，参加一些社会活动，完成之后已经是凌晨两三点了，每晚只能睡四五个小时。这样的高强度压力并没有压垮她，因为她有坚毅的性格和强健的体魄。在她进入哈佛大学后，尽管竞争更激烈了，但她仍然能很好地应对。

* * *

于智博之所以能"逆袭"，是因为他篮球打得特别好，各方面体能都很好，使他初到美国时即使在一所没有一个华人的小学校里也能找到自信和快乐，并能从挫折中走出低谷，冲向人生高峰。

* * *

王建军鼓励从小内向、体弱的儿子王远练习摔跤。几年下来，王远的身体素质更好了，成绩提高了，精力更充沛了，也对自己更有信心了。

* * *

2022年刚被哈佛大学录取的王馨怡，自幼热爱高尔夫球，为了取得好成绩，她每天放学后都坚持练习。她曾在美国青少年高尔夫球协会公开赛中赢得冠军，学业也保持着 GPA[①] 4.7 分的好成绩。对体

[①] GPA，全称为 grade point average，意思是平均学分绩点。GPA 是美国以及世界范围内很多国家的学校用来衡量学业水平的标准方法。

育运动的热爱，不仅让她更有毅力，也使她成了一名时间管理大师，能高效管理自己的学业和训练时间。

锻炼身体时不能太功利，不能说某所名校需要哪个项目就去练哪个项目。如果父母太功利，可能就会违背让孩子锻炼身体、为孩子赋能的初衷。

我是家里最小的孩子。小时候，我的身体非常瘦弱。为了让我有个好身体，父亲把我送到业余体校去锻炼，不仅每天早上要去锻炼，下午放学后也要去。我先学了一段时间的体操，后来转到了武术队，一直坚持到小学毕业。我曾在我所在城市的少年武术比赛中名列前茅。当时我练武术不是为了竞技对打，而是像体操那样以表演赛为主，我当时已经可以做前空翻、后空翻了，省级专业队希望我能加入，学校里的老师也希望我走专业体育之路，我当时为此深感自豪，甚至比小升初考上名校还自豪。然而，父亲看我身体已经很健康了，就让我走学习这条路。后来，我考入复旦大学。在我30多岁备考哈佛大学时，我每天都要读几百页的书，有时晚上只能睡三四个小时，但我还是扛下来了。

体育在我的成长道路上从未成为我的"敲门砖"，但培养了我强壮的体魄和健康的心智，让我有了克服困难的毅力和勇气。

其实，你在锻炼时很可能不知道未来可能会收获什么，但一旦看到收获，你就会知道，当年种下的种子发芽了。

近几年被热议的"996工作制"，我们暂不论其对错，但是我想问你，如果有几年需要你用"996"的精神去拼搏，然后你的人生会发生质的飞跃，那么你的身体允许你去拼吗？

天上不会掉馅饼，所有的成功都是靠全力拼搏和额外的付出得来的。好身体如同一辆性能良好、保养良好的汽车，它能载着你跨过山川，越过沙漠，奔向远方。

● 培养孩子有一项特长

培养孩子有一项特长，能赋予孩子满满的能量。

孩子在做自己喜欢做的事情时，是最快乐、最有能量的。孩子在展示自己的特长时，是最自信的。一个孩子区别于其他孩子之处，是他们的兴趣爱好和特长有所不同。

当然，从爱好变为特长，中间需要经历漫长的、艰苦的练习过程。我们要鼓励孩子坚持、克服困难，奖励其小的成就、新的成就。如果孩子获得更大的成就，我们就要与孩子共同欢呼、庆祝。这个过程也是孩子自身能量建立的过程。

露西是人大附中 ICC 项目（中外合作办学项目）的学生，学习成绩优异。她曾师从大提琴演奏家朱亦兵，多年来坚持练习。即使是在日常备考和备考 SAT 时，她也会每天坚持练琴，每周坚持参加校乐团的排练。最终，她因其独特性以及因此而产生的自信和对爱好的不懈坚持而被芝加哥大学早申请录取。

● 正确的批评教育

你可能会感到疑惑：批评孩子怎么能为孩子赋能呢？只会打击孩子吧！

的确，孩子在犯错后，通常会感到很自责。其自信水平、自尊水平、能量水平都会降低，变得敏感、易怒。此时，如果父母或老师带着情绪去批评指责孩子，必然会雪上加霜，让孩子陷入能量低谷；相反，如果能正确地批评孩子，那么不仅能让孩子认识到失败的原因，还能获得成长。

那么，什么是正确的、可以为孩子赋能的批评呢？简言之，就是能将孩子做错的事与孩子本身区分开的批评，这不仅能让他将自己与错误划清界限，还能保护好他的自尊水平和自信心，促使他成为更好的自己。

其实，"批评"和"惩罚"不一定要打骂孩子，还可以采取一些惩罚性的行动，这对孩子重塑信心是很有帮助的。在美国，可能会让犯错的学生为社区服务20个小时，或是在学校负责打扫卫生一周等。我们也可以参考上述方式让孩子负责家里卫生一周、清扫楼道三天等。

此外，父母在批评的过程中千万不能"心慈手软"，否则起不到批评和惩罚的作用。

有个孩子升入高三后，学习很紧张，压力也很大，于是父母和他约定，不能带手机上学。孩子同意了，父母也相信他。有一天，他的父母去学校后，发现孩子的书桌里有一根手机充电线，便问孩子是不是把手机带到了学校。孩子承认了。于是，他的父亲说："咱们家离学校比较远，之前我们看你学习比较忙，想让你每天多睡一会儿，因此每天开车接送你。既然你没有遵守我们之前的约定，辜负了我们对你的信任，那么，作为惩罚，在接下来的一个月，我们会取消每天开车接送你，你需要自己骑自行车上下学。"

高三的时间那么紧，孩子每天连睡觉的时间都不够，每天骑自行车上下学一定会浪费很多时间。然而，他的父母从长远出发，通过正确的批评和变相的惩罚为孩子赋能，让孩子为自己的行为负责。相信这件事会给孩子留下深刻的印象，他也能由此获得成长。

● 失败

从失败中为孩子赋能是非常重要的。因为孩子在失败后会情绪低落，甚至可能会一蹶不振。如果能在此时为孩子赋能，就能给予他强大的力量。正如尼采所说："任何不能杀死你的，都会使你更强大。"如果孩子能从失败中重新站起来，就会比原来更强大。

如何通过失败为孩子赋能？以下为三个步骤。

第一步：与孩子共情

与孩子共情，即理解孩子的心情。你要站在孩子的角度理解孩子的心情，理解失败对孩子的打击，不能简单地说"没事，这没什么大不了的"。其实，这很可能与孩子有很大的关系，孩子可能很看重这件事的成败。你应先与孩子坐在一起，表示你也对他没做好这件事而感到很遗憾，你也为此而难过。

第二步：冷静、客观地分析原因

对于孩子的失败，你应与他冷静、客观地分析原因，不要简单地一味指责他"你怎么不好好学习""你怎么不听话""你能不能认真点""你怎么总是这么马虎""我早就说过……"等。

第三步：设计一个行动

接下来，你需要与孩子共同设计一个行动，带他走出谷底。例如以下两个例子。

- 过去三个月,某件事情(如打游戏)不恰当地占用了很多的学习时间(如两三个小时)。设计行动是,每天只用40分钟至一个小时打游戏。
- 孩子输了球。如果是能力欠缺,那么应将行动设计为多加训练;如果队员之间关系生疏,那么应将行动设计为进行一次团建(如聚餐或游玩)。

总之,面对失败,要有行动。从失败中赋能,就是不能只讲失败,不要变成孩子对自己能力和人格的否定,而要将其变为一个可操作、可行动的过程。父母在这个过程中不要情绪化地吼孩子,不要羞辱孩子,否则孩子会更加自责;也不要有羞耻感,否则孩子会产生自卑,甚至是无力感。

"哈佛妈妈"宋丹琦的儿子曾与他最好的同学一起去考美国最好的高中——菲利普斯安多福高中,结果他的同学被录取了,他却没有被录取。这给他带来了非常大的打击,因为他曾一度认为自己是全校最好的学生。

对此,宋丹琦先向孩子表示了理解,她没有说"这所学校有什么好,咱们就算上不了也没什么大不了的"之类的话,毕竟孩子也知道这样的话很敷衍。然后,宋丹琦与孩子一起认真分析了没有考上安多福的原因:可能是因为他在学校参加的数学课外班还没有出成绩;可能是因为他在学校的一些社团活动还处于初期阶段,他还没有展现出很好的领导力……通过分析,她让孩子看到了自己的差距,并制定了接下来的行动目标,比如:如何在各种竞赛中取得更优异的成绩?如何在学校的各个社团项目中表现出更好的领导力?如何让自己的特长(小提琴)表现得更卓越?

宋丹琦这么做就是给儿子赋能，也将他带出了低谷。

后来，儿子考上了哈佛大学。他对宋丹琦说："妈妈，其实我非常感谢我没有考入最好的高中，这让我看到了自己的差距和不足。在过去的几年里，我成为一个更好的自己。"

像宋丹琦这样，与孩子一起理性地面对失败，可以为孩子赋能，并让这次经历成为孩子未来前进的更大的动力。

做好上述五点，就能为孩子赋能，这是父母们需要认真修炼的。

思 考 >>>>>>>>>>>>>>>>>>>>>>>>>>>>>>>>

1. 回忆过去一年你与孩子的互动。孩子在什么时候能量最强？在什么时候能量最弱？当时分别发生了什么？

   _____
   _____
   _____

2. 通过做什么，能让孩子更有能量？

   _____
   _____
   _____

3. 为了给孩子赋能，你计划做哪些事？
   - _____
   - _____
   - _____

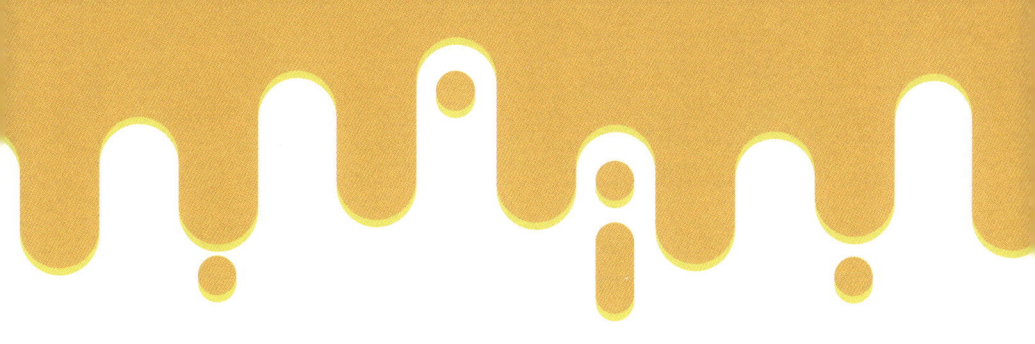

第 4 章
第四项修炼：构建高情商家庭

人们通常认为，家庭环境和经济条件对孩子的成长和成才具有很大影响，但我们在研究了众多世界名校学子的成长环境后发现，他们的家庭环境千差万别：有大城市的，也有农村的；有家境优渥的，也有家境较差的；有双亲家庭的，也有单亲家庭的；有父母能在孩子学习上给予辅导的，也有心有余而力不足的……

其实，每个家庭都有各自的家庭文化，无论是父母主动营造的，还是在无意中形成的。家庭文化为孩子的成长提供了阳光和土壤。我们基于各种不同的家庭文化，提出了"家庭情商"的概念——正如人有情商一样，家庭也有情商。

"情商"这一概念已诞生 20 多年了。如今，人们越发认识到，一个人的成功不仅与其智商有关，更与其情商有关。对于个人来说，情商是对他人情感的洞察和理解能力，也是对自己情绪的管理能力。那么，什么是家庭情商呢？

家庭情商不是家庭成员情商的简单叠加。彼得·圣吉教授在其著作《第五项修炼》中提出了一个有意思的问题：为什么在一个组织中的每个人的智商都很高，但是作为一个组织，其智商却很低呢？由此，他提出了"组织智商"的概念。

同理，家庭情商并不是家庭成员情商之和或平均值，而是家庭成员一起去创造的一个值。

例如，一对有着"成功人士"或是"高知"人设的夫妻，虽然他们在社会上的情商都很高，但是他们组建成一个家庭后，其家庭情商却很低。为什么会这样？因为他们都很强势，自我意识也都很强，都希望对方能按照自己的想法去做事，都不愿意妥协。在这种家庭中的孩子，往往会感受到压力、紧张、忽视、不被尊重，甚至是冷暴力。

构建高情商家庭的三个方面

要想构建高情商家庭，就要在以下三个方面做出努力。

◉ 父母的格局和智慧

父母的格局和智慧是高情商家庭的标志。

什么叫"格局"？格局是心胸开阔；格局是超越小我，看到大我；格局是能超越眼前、看到未来。没有人天生就具备大格局，格局也是需要学习和修炼的。著名媒体人杨澜在问校友家长学院分享过一堂公益课——《如何做有格局的父母》，呼吁父母们做有格局的父母。我将她的分享收入本书的第二部分。

格局体现在很多方面：能看到未来，善用眼前的事，培养孩子能长远受益的品格和意志；对事情有所取舍，抓大放小；如何安排孩子的课余时间，如何对待孩子的择校和选课。

我曾讲授过指导孩子如何度过暑假的课程。每年暑期开始之前，都会有各种各样的夏令营和辅导班让父母们应接不暇。我之所以讲授这样的公益课程，是因为希望父母能在孩子的时间规划上有格局，能帮助孩子规划好一个暑期，继而辅助孩子规划好人生，其原理都是一样的。

我在这个课程中为父母们提出了几个关于规划假期时间时需要考虑的问题。这个课程是在国家提出"双减"政策之前开设的，也说明了我的"格局"和远见。

我提出，假期时间绝不是课内时间的延续，也不能用来补课。在帮助孩子规划假期时间时，需要考虑以下几个问题：

- 能力 vs 知识：关键是提升能力，而不是补习知识；
- 长远 vs 现在：是为未来准备，不是为现在的分数；
- 留白 vs 填满：一定要给孩子留出自由时间，让孩子自由选择、自由发展，也要为父母留出错误安排的纠错空间和时间。

以上看似小事，但要真正做到是很不容易的，因为关乎格局。人们总是为眼前的事情所困，为眼前短期的利益所吸引，要用眼下的忙碌来平复心中的焦虑。

有格局的父母有稳定的教育理念，能够看到未来。不为眼前的一次考试、一次活动、一次培训的得失而紧张和迁怒他人。

有格局的父母不是精致的利己主义者，不会在各种小事上斤斤计较，让孩子感到紧张、焦虑。

有格局的父母信任他人、尊重他人的时间，不会过河拆桥、忘恩负义。

高情商家庭的父母通常都是有格局、有智慧的。父母仅有爱、有责任心、有牺牲精神是不够的，还要借助情商和智慧。如今，有不少父母给孩子报了钢琴课，但又有多少孩子坚持下来了呢？又有多少孩子将其作为自己的终生爱好呢？我在第二部分分享了周天歌的父亲是如何智慧地引导周天歌爱上钢琴的。

在周天歌三岁时，身为影视演员的父亲给她听了一些钢琴曲，让她非常喜欢。然而，当时钢琴还属于奢侈品，父母无法判断她是否真的喜欢，便问她是否真的喜欢钢琴，如果选择学习钢琴，那么她是否愿意为自己的行为负责。得到周天歌肯定的回答后，父亲买回了钢琴，却不让周天歌碰。父亲有时会弹几首曲子逗她开心，弹完就把钢琴锁上。又过了一段时间，父亲才让周天歌按几个琴键，然后又将琴锁上了。父亲的这种欲擒故纵一直持续到周天歌到了四岁半，才让她真正触碰钢琴。那时，钢琴对她而言不再是一件能发声的玩具，而是父亲给她的至高赞赏。

● 父母的情绪管理

当我们说一个人情商高的时候，通常意味着这个人情绪稳定，能考虑他人的感受，与他人关系和谐。

当我们说一个家庭是高情商家庭时，也意味着这个家庭的父母情绪稳定，家庭成员彼此相爱，理解彼此的感受，即使有分歧，也能够很好地沟通，强调和而不同，让情绪成为爱和沟通的桥梁，而不是带来隔阂和伤害的手段。

身为情商理论的创立者之一，耶鲁大学校长苏必德将情商具体化为四种能力：感知自己和他人情绪的能力、利用情绪帮助思考的能力、了解情绪产生及波动的方式的能力，以及控制自己和他人情绪以获取正面成效的能力。构建高情商家庭，也需要父母针对以上这四个方面的能力进行情绪管理的修炼。

接下来，我想聊聊父母为什么会情绪失控。

很多父母都经历过情绪失控，他们在孩子面前表现得情绪不稳、激动起来口不择言，事后又很后悔。每当谈起这个话题，都会让不少父母产生共鸣。

有一次，我在一个三四百人的讲座中问台下的听众："有没有谁从来没有对孩子发过脾气？请举手！"结果，没人举手。

我接着问："有没有谁从来都没有对领导发过脾气？请举手！"绝大部分听众都举了手。

我又问："从来没有对同事发过脾气的，请举手！"有一半的人举了手。

我最后问："从来没有对家里的阿姨发过脾气的，请举手！"有超过一半的人举了手。

有没有觉得很奇怪？我们对领导、工作伙伴、为我们提供服务的人，甚至对陌生人都彬彬有礼（换句话说，"情商"都挺高），但对自己的孩子却很不客气，经常发火，不惜用最严厉的词语去批评和指责。每次发完火，我们的内心都很内疚，尽管我们知道要对孩子有耐心，但就是管不住自己。

这是为什么？当我们对孩子发脾气的时候，满脸都写着"望子成龙""恨铁不成钢"。我知道社会上有一种名为"戒吼"或"不吼不叫"的课程，即培训父母在教育孩子时不能用吼的方式。可是，如果我们的目标就是"不要吼"，那么我觉得父母对自己的要求未免太低了！

父母之所以会情绪失控主要有以下两点原因。

第一，父母认为自己的出发点是正确的。为了孩子的学业，为了孩子的前途，为了孩子成功的未来，因此父母理所当然地管教孩子、训斥孩子，会把孩子的时间塞满，不顾孩子的感受就去指责孩子。

第二，父母爱孩子，不求回报的爱把自己感动了。看到孩子玩游戏，父母就会想"我这么爱你，你却不抓紧时间学习，一有时间就玩游戏"，从而产生挫败感。父母发火，与其说是对孩子的，不如说是对自己的挫折感、无力感发脾气，且发完脾气后常常会自责。

问题的关键是，父母在情绪失控的情况下教育孩子是没有效果的。而且，由于情绪失控，不仅原来需要沟通和教育的问题没有成果，还会伤害亲子关系，受损的亲子关系又使后续的教育成果越来越差。

喜、怒、哀、惧是人的四种基本情绪，并基于此产生了数不清的情绪。父母应尽量保持情绪稳定，不能让自己的情绪影响孩子的生活，影响亲子之间实现约定的规则，过多地干扰孩子的生活节奏。

米歇尔·奥巴马（Michelle Obama）在其自传《成为》（*Becoming*）一书的前七章，完整地记录了父母对她的培养。

作为在美国芝加哥黑人区长大的工人家庭的后代，米歇尔非常感谢母亲对她的培养，并且非常庆幸母亲的情绪一直都很稳定。

她总结了三种类型的父母。

第一种是忽视型父母。他们在工作和生活中面临很大的挑战，每天都很忙碌，常常自顾不暇，很少关心孩子的学习和生活，也很少参与孩子的学习和生活，他们甚至很少与孩子照面。

第二种是过度参与型父母。他们的情绪会随着孩子情绪的起伏而起伏，很不稳定。比如，孩子开心，父母也开心；孩子难过，父母也难过；孩子愤怒，父母也愤怒。这样一来，孩子就会在自己的情绪上叠加父母的情绪，令自己情绪过度。这会让孩子的情绪犹如过山车一般起落不定，孩子会产生不安全感，不利于其成长。在生活中，花很多时间陪伴孩子的全职父母往往容易犯过度参与的错误。

第三种是情绪稳定型父母。米歇尔的母亲就属于这种类型。无论米歇尔回到家时是什么状态——欣喜若狂也好，情绪低落也好，她的母亲都能非常冷静地用三言两语让她的感觉回到地面上。父母的情绪稳定，能给孩子带来安全感。其实，无论孩子在外面遇到了什么事情，都希望能在回家后找到一个"定海神针"一样的东西，不会让自己迷失方向。

如果父母（尤其是母亲）能情绪稳定、仪态万方，温柔而坚定地与孩子沟通，尊重其他家庭成员，就会给孩子带来正面影响，孩子也会情绪稳定，其人生高度也会不一样。这样的家庭必然是一个高情商家庭。

那如何才能成为理性、心平气和、高情商的父母呢？

第一，父母要在心态上调整自己教育孩子的目的。做父母是一份需要认真对待的工作，需要承担一份职责。如果你把教育孩子当作一份为国家、为社会培养下一代这样重要的工作来做，那么，你还会很情绪化吗？恐怕不会了吧！你的理智恢复了，家庭情商的提高也就指日可待了。

第二，父母需要像带团队那样管理家庭，像对待团队成员那样对待孩子。其实，不少父母在工作中都能与团队成员和谐相处。那么，作为父母，你可以想一下，你是如何与工作团队成员相处的？换作你的家庭，我可以这样描述：你与你的配偶以及你的孩子组建起了你们的团队，且孩子这位团队成员是被随机分配给你的，他的智力、体力水平都具有很大的随机性，而且他被"分配"给你后是不能随意调换的。

你要带着这样的一个团队去完成一项艰巨的任务，任务的考核标准不仅包括最终的成果，还包括团队的认同度。如何评估你完成这项任务的成败呢？需要将你的领导力、你创造的业绩、团队成员的成长、团队的关系等指标综合来看，而不只是简简单单地只看销售成果。

因此，如果你把养育孩子这件事当作一份需要认真执行的任务，你就需要考虑战略、领导技巧、时间管理、对团队成员的培训、必要的外援。在完成任务的过程中，你需要评估工作难度，还需要情绪稳定，遇到挫折也不放弃。

2022年，女孩苏珊被麻省理工学院录取，她的母亲在问校友家长学院分享了自己和女儿是如何一步步有规划、有方向地让女儿顺利考上麻省理工学院的故事。当时，所有在场的父母都不禁惊叹："这真是一个'别人家的孩子'！"苏珊的母亲说："我给家庭教育做战略，我把女儿当同事。"

有的父母可能会说："怎么能把养育孩子仅仅定义为一项工作呢？我们爱孩子，我们给孩子的是无限的爱、浓浓的爱，是不求回报的爱！"是的，爱是养育的前提。要想更好地爱孩子，首先要尊重孩子。基于尊重去爱孩子，才不会让他留下童年阴影，到了青春期后他才不会愤然夺门而出，到了成年后才不会对你不理不睬……

因此，当我们理性地看待"为人父母"这份工作时，当我们拿出自己的专业性来认真思考做父母的策略和方法时，我们要以尊重的爱为前提，这样一来，无论外界的竞争有多么激烈，我们都能实现理想的预期。

当我从哈佛大学毕业 15 年后，回到肯尼迪学院参加每五年一次的聚会。哈佛大学有个传统：每次聚会时都会邀请系里的一名非常著名且颇受欢迎的教授来做一场演讲，让毕业生们重新感受做学生的美好。

我们在毕业五周年聚会上，学院邀请了罗纳德·海菲兹（Ronald Heifetz）教授为返校校友演讲，他当年最受欢迎的领导力课程是需要抽签才能听的。当他在毕业 15 周年聚会上再次出现在我们面前时，依然风度翩翩，完全没有变化。只是，在这期间，我们知道他重组了新的家庭，子女也已长大成人，想必这对于他做父母的领导力研究也有帮助。有意思的是，他在这场久别重逢的演讲中，特别提到了如何与孩子沟通，并送给我们一句话："Don't take it personally!"

什么意思？培养孩子不要私人化？这句话的确不太好翻译。其实，我们在工作中常会使用这句话。比如，对别人的话，尤其是批评的话，不要过度解读，也不要过度与自己的人格、尊严等联系在一起，而要就事论事，不要把正常的沟通过度私人化、个人化，不要那么容易受伤。

将这句话用在育儿上是什么意思呢？我认为包括以下两层意思。

- 孩子不是你的私有财产，培养孩子更多的是尽一份社会责任。
- 在孩子成长的过程中，尤其是当孩子到了青春期，你们一定会发生情绪冲突。如果孩子说了伤害你或是不理智的话，你作为父母就要有专业性，还要理性，不要掺杂过多的个人情绪，也不要太容易被激怒，否则就很容易受伤。简言之，你不要产生过度的负面情绪反应。

有的父母在失望之后，会走向另一个极端——散养。其实，所谓"散养"或是如今流行的"佛系育儿"，都是一种放弃的表现。我们不支持这样的"工作"态度，正如在工作中，这样的领导带出的团队，在未来是不容易打胜仗的。

因此，做情绪稳定的父母，无疑是打造高情商家庭的重要一环。

夫妻关系：孩子成长的土壤和空气

谈到构建高情商家庭，就不得不提及夫妻关系，这是孩子成长的土壤和空气。接下来，我将从子女教育的角度来谈夫妻关系。

我认识一对夫妇，他们都受过高等教育。丈夫是企业高管，收入不错；妻子在有了孩子后就做了全职妈妈，每天负责买菜、做饭、做家务，在孩子入学后负责接送孩子上下学。丈夫每天回家后，要么在接打电话处理工作上的事，要么刷手机、看电视，对两个宝贝女儿倒是非常疼爱。妻子每天很少有自己的时间，且没有成就感，曾因此多次向丈夫提出抗议甚至是吵架，但是都没有用。因此，妻子变得越来越郁闷，甚至陷入了抑郁。

后来，妻子得到了高人的指点，有一天她回家后对丈夫说："你希望女儿将来像我一样吗？我们现在的关系，就是女儿将来婚姻的样子！"丈夫幡然醒悟，意识到这个问题的严重性，开始关心妻子、宠爱妻子，与妻子共担家务。因为他认识到，如果女儿认为女性将来就是要承担这样的角色，就会影响她们踏入社会后对女性未来角色的定义，他很怕女儿认为妻子的角色就是像她们的母亲这样，每天灰头土脸地在家里做家务，还得不到认可，得不到丈夫的爱，没有成就感。他很怕女儿将来要么进入婚姻就自然成为这样的角色；要么恐婚、不愿意结婚，怕将来陷入同样的家庭模式。

这位丈夫还是比较有觉悟的，他认识到自己与妻子构建的家庭模式就是女儿将来会看到的模式，他主动纠正了自己，让他们这个家庭有了一个美好的结局。

事实上也是如此：恋爱和结婚是两个人的事情，要双方同意才能建立婚恋关系；有了孩子后就是三个及三个人以上的事情，必须把孩子也包括进来。**夫妻关系会影响孩子的一生**。父母是孩子的榜样，只有高情商的家庭才能培养出高情商的孩子。

我们经常说"不忘初心"，什么是你结婚时的初心呢？彼此相爱，打造一个充满爱的家庭。是什么改变了很多家庭最初的恩爱状态呢？生活的压力与琐碎、教育孩子的辛劳、两个人的发展不能同步、更多的诱惑……这些都在磨损最初的感情，使夫妻之间互相埋怨、争吵、冷战，甚至离婚，这种关系恶化的过程会给孩子带来非常大的打击。也就是说，**对孩子伤害最大的不是父母离婚这件事本身，而是父母对彼此的否定和伤害，让孩子的内心破碎，这往往也会影响孩子未来对婚姻的信心。**

与成功相比，孩子的幸福更为重要。我们看到很多优秀的孩子迟迟不能找到另一半，不能顺利结婚，正是由于其爱的能力不足，经营一段感情的能力和信心不足，这些都与其原生家庭有很大的关系。要想让孩子获得幸福，就需要父母去修炼。如果父母的关系不好，每天吵个不停，不尊重对方，就是在给孩子的内心投喂垃圾。

孩子的基本需求是归属感，和睦的家庭是其力量的源泉。即便父母能给予孩子无条件的爱，但是如果父母之间不相爱，那么家庭中也不会构建起安全而亲密的"场"，孩子就不会有安全感。

美国天普大学学校心理学博士谢刚说，如果人生真有什么起跑线，那孩子心理健康的起跑线就是和睦的家庭关系。

谢刚在成长过程中不断反思自己的原生家庭，并为了让更多的家庭吸取他的教训，他非常勇敢地披露了自己人生的不幸。

由于他的父母关系不好，从他记事起他们几乎每天都会吵架，逢年过节时吵得更厉害，致使他的弟弟妹妹都有严重的心理健康问题，且都是青少年末期发病，到现在还需要别人照顾，无法处理生活中的压力。谢刚到美国已经20多年了，但是他从来不过中国的春节，因为一到此时他就会想到母亲哭、父亲吼的场景。

孩子暴露在负面情绪中的时间越长，其负面情绪就会积累得越多，相应的攻击性行为也就会越多，成年以后其亲密关系会更加脆弱，离异的概率更大。

因此，夫妻双方都应包容、有耐心、具有共情能力、能尊重对方、支持对方成长，善于沟通和管理情绪，能冷静和理性地处理冲突，能更妥善地应对压力，这些不仅有利于家庭和谐和让婚姻向健康的方向发展，还能给孩子最好的示范。

接下来，我们再来谈谈单亲家庭。

每当我们谈及努力建设幸福家庭时，总会有人指出，很多单亲家庭也能培养出优秀的孩子。

的确如此。**对于孩子来说，最重要的并不是家庭结构是否完整，而是父母给予孩子的爱和父母自身的人格是否完整。**

看过《一站到底》节目的观众都知道，很多优秀校友都来自单亲家庭。我们哈佛大学战队中的于智博，虽然其父母离异，但他们并没有减少对他的关爱，因此他的心理很健康。在节目中，于智博还非常深情地感谢父母。在他心中，他们三个人永远都是一家人，永远在一起。

邹翃燕是一位单亲妈妈，仅凭一己之力就能坚强培养脑瘫儿子，并将他送入北京大学、哈佛大学。

可见，只要父母能在离异问题上处理得当，孩子就能保持身心健康。父母是否离异，与孩子是否幸福并不存在必然关系。

单亲家庭的优势和劣势都是较为明显的。其优势在于，不会出现夫妻意见不一、让孩子无所适从的情况，而是意见一致、决策效率高、执行力强；劣势在于，孩子缺少父亲或母亲角色的榜样，并且有的父母会因对孩子感到亏欠而溺爱孩子。

要知道，单亲家庭虽不是祝福，但更不是诅咒。

只要认真修炼，单亲家庭的父母同样能构建高情商家庭。单亲家庭与双亲家庭相比，要多几项修炼：理智地处理对方离去（包括父母一方去世或离异）的情况；依然能为孩子提供一个有爱的环境，让孩子感觉到父母的爱并没有减少。

如何提高家庭情商

那么，如何提高家庭情商？以下为我的几条建议。

● 父母有分歧，需私下讨论

如果夫妻双方有分歧，那么最好私下讨论，千万不要在孩子面前争吵。这是对对方的尊重，也是对孩子安全感的保护。

很多父母的分歧都来自对子女教育的意见不一，有时一方用某种方式去管教孩子，另一方立即提出异议，这样会让孩子感到困惑，不知道该听谁的。在这种情况下，有的父母还会让孩子"站队"，这只会徒增孩子的压力。因此，当夫妻一方不同意另一方的意见时，不要立即反驳，可以事后商量，在孩子面前一定要保持一致性。

● 单独和孩子在一起时，要赞美另一半

这一点常常会被人们忽略。在有的家庭中，父母一方（通常是父亲）很忙，常年不在家；还有的孩子跟父母一方（通常是母亲）在一个地方（通常是在大城市甚至是国外）读书、生活，另一方则在另一

个城市或国家工作、生活,家庭分离。在这种情况下,孩子本来就感受不到家庭的爱、感受不到完整的爱,如果经常听到与其在一起生活的父亲或母亲抱怨,将不利于孩子的健康发展,还会让孩子变得也喜欢说人是非。

因此,单独与孩子在一起时要赞美另一方(如"爸爸为了让我们生活得更好,他自己在外打拼,多不容易啊"),并告诉孩子这样的分离只是暂时的,总会有团聚的时候。这样一来,孩子就能学会理解、包容和爱,他还会意识到家人虽然不在一起,但彼此之间还是相亲相爱的。此外,与当面赞美相比,背后赞美别人更能让被赞美的人开心,且这种赞美更具力量。

● 乐于为对方花时间、花钱,为对方着想

如果夫妻二人都乐于为对方花时间、花钱,为对方着想,那么不仅能让彼此之间更亲密,还能让孩子从中学会付出、学会爱,并懂得要想好好地维护亲密关系就要为对方付出努力,进而让家庭关系更和谐。

思 考 >>>>>>>>>>>>>>>>>>>>>>>>>>>>>>>>>

1. 你认为你的情商有多高?请用1~10给自己打分,1代表最低,10代表最高。

   _____

2. 你认为你的家庭情商有多高?请用1~10给你的家庭打分,1代表最低,10代表最高。

3. 你有没有对孩子情绪失控的时候?

4. 找时间与孩子坐下来,平和地讨论以下问题:
   - 最喜欢的家庭时刻:_____
   - 最不喜欢的家庭时刻:_____
   - 对母亲的建议:_____
   - 对父亲的建议:_____

5. 读完本章,你认为你可以做哪些事来提高家庭情商?
   - _____
   - _____
   - _____

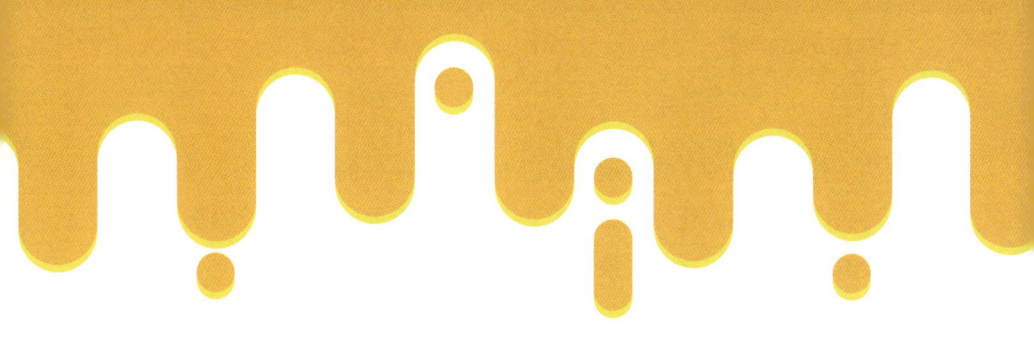

第 5 章

第五项修炼：规划与执行

到了本章，我们就离"成果"非常接近了！

第五项修炼——规划与执行，是建立在前面几项修炼的基础之上的。如果没有前面几项修炼建立起来的牢靠的亲子关系，孩子就不会产生安全感，家庭教育也不会土壤肥沃、阳光充足，孩子就不会有力量、有能量。如果跳过前面的修炼直接开始规划与执行，或者直接盲目地给孩子补课，就会让孩子感到压力，让父母感受到疲惫和焦虑，让学校只强调刷题，让社会内卷。其实，这是当前教育经常会出现的问题。我们强调打造学习型家庭，强调中国父母的五项修炼，就是强调需要先上前面的四层楼，要经历情感准备和培养的过程，不能直接"坐电梯"上五楼。

前面几项修炼让我们变成了更好的自己，与孩子有了更好的关系，让家庭有了更好的环境，我们也有了更好的情感基础，这一切是为了什么呢？为了支持孩子创造属于他的美好的未来——为孩子铺就一条成长之路，让他成为一个能实现自己价值的人，一个对国家和社会有贡献的人。这是一条规划和执行之路。

2021年圣诞节，苏珊的母亲在问校友家长学院分享了刚刚考上麻省理工学院的女儿的成长经历。2021年被称为"有史以来美国大学最难申请季"，苏珊却同时被加州理工学院和麻省理工学院录取，打破了她就读的高中20多年没有人被麻省理工学院录取的记录。苏珊的母亲在总结时说："就像任何公司都要做五年规划一样，孩子申请大学当然也要提前规划。要把女儿当作自己的团队成员一样对待，要跟她一起规划，用Excel表管理事项，用策略图进行决策，达成一致后，一起执行。"

当时，在场的不少父母听后直呼："学不了！""真是'别人家的孩子'！"

我问苏珊的母亲："孩子为什么会这么配合呢？"

她说："在孩子小的时候，我花了大量时间与她建立良好的亲子关系。"

可以说，苏珊的故事中所体现的理念与我们的五项修炼理念不谋而合，即先有前面的四项修炼，才有最后顺利的规划和执行。如果仅有前面的四项修炼，没有从高中起的规划与执行，那么苏珊也不能顺利地考入名校。

规划是以终为始的计划，执行是有方向的行动。我相信，理性的父母都认可"培养孩子是一项系统工程，仅有爱是远远不够的"的观点。一些名人在电视上经常谈论"佛系育儿"，其实他们的背后有更高的平台和资源的支持，就像你的目标是罗马，但很多人就出生在罗马。如果让孩子在人生的洪流中随波逐流，将孩子的未来交给偶然性和随机性，那么这样的父母是不负责的。

我的孩子小学和初中是在北京读的公立学校，高中是去美国读的，现在准备在美国读研究生了。他的专业和学校都是他自己选的，未来他也可以在全世界范围内选择他喜欢的城市，从事他喜欢的工作。我认为，这是我们全家一起规划、一起执行的结果。

高尔基曾说："爱孩子是母鸡都会的事，但教育好孩子却是一门艺术。"这句话既承认了母爱是一种天性，还强调了教育孩子是不容易的。这其中就包括对孩子进行负责任的管理和成长规划。

当我们说培养孩子是一项系统工程时，我们的大脑会进入一种理性的思考模式。这是一种目标管理的模式，我们会为这项系统工程制定目标，然后进行规划，继而监督执行、定时反馈。目标管理在其他领域都是常识，在企业发展、重大项目实施方面都需要规划。然而，在家庭教育上，很多父母会忽视培养孩子的目标和规划的重要性，以为只管享受当下的快乐就够了。

培养孩子是一项"系统工程"

我之所以反复强调规划的重要性，是因为我在给学生做留学咨询时，常常发现很多父母对于孩子的成长都没有规划。尤其是很多去海外读书的孩子，由于没有提前规划，他们到了国外后由于英语水平差，各科学业跟不上，成绩不好，因此非常自卑，没有自信。此时，由于父母往往离孩子很远，只通过电话或视频沟通也帮不上大忙，反而会让孩子因觉得愧对父母而产生更大的压力。父母原本是为了让孩子有更好的出路而送其去海外留学，结果反而对孩子的学业造成了障碍，并让孩子产生了心理障碍。

为什么很多国内的"天之骄子"去国外留学后会遭受重大打击？最重要的原因就是，父母没有提前做好规划！

由于很多父母对国外高中教育不了解，因此我们不难想象，如果没有任何规划和准备就将一个在中国体制内上学的孩子送去国外（如美国）上学，他会面临什么样的挑战。

这样的孩子会遇到各式各样的问题。很多父母低估了赴美读书对英语的要求，在孩子托福没有达标的情况下就找中介，将孩子送往名校（一般来说，这类学校的学业挑战也很大），以为在美国时间久了，英语自然就会变得越来越好。然而，这样的想法错得离谱。有些课程即使是用汉语授课，孩子理解起来都可能很困难，更何况是用英语授课，又怎么能指望孩子跟得上呢？

由于语言不过关，如果孩子在年纪小的时候出国，那么很可能会带来更严重的问题。比如：由于听不懂老师讲的内容而导致他成绩很差；由于语言不通而无法与同学交流，在班里乃至学校都会受到孤立，甚至染上恶习……这一系列的问题都会让孩子（尤其是正值青春期的孩子）感到很痛苦，有很强的挫败感。

对于准备出国读大学的孩子，同样需要提前规划。美国名校录取时会在以下几个方面评估学生：GPA、标准化考试（托福/SAT）成绩、特长爱好、科研活动、公益活动、价值观等。没有提前两到三年的规划，很难受到好大学的青睐。

其实，规划不仅仅适用于准备出国留学的孩子。准备就读国内大学的孩子、准备凭一技之长施展才华的孩子，同样需要事先做好规划。几乎每个人小时候都对长大后想从事什么职业有很多想法，如当科学家、当老师、当医生……职业规划也需要从低龄开始。**有目标才有动力。**

如今，大多数孩子都要过高考这一关。在孩子高考前，父母通常都会主动了解一些关于高考的资讯，如最新的政策、往年的录取分数线等。在此，我将不再赘述。

再来看看美国高考。

- 美国高校要看孩子在高中阶段的平均成绩，即GPA（没错，是整个高中阶段的成绩，而不是高考那一次的成绩）。
- 考托福，"托福"（TOEFL）这个单词的英文意是"英文作为第二语言的考试"。如果一名学生在美国求学连续超过四年，就可以免去托福考试。
- 要考SAT或ACT（疫情期间，部分学校取消了这个要求）。
- 要看一名学生是否学有余力，提前学习大学的课程［即美国大学预修课程（advanced placement，以下简称"AP"）］。
- 全面了解一名学生，了解他有哪些优秀的品质、他有什么爱好、他的经历有什么独特之处、他有什么梦想等，学生可以在简历中详述，便于校方了解真实的自己。

也就是说，美国高考会更全面地考察一名学生，且考察的方向是不一样的。

我之所以列举中美两国高考的差异，并不是为了对比二者的好坏。其实，二者各有利弊，到底让孩子走哪条路，完全在于家庭的选择。不过，无论要走哪条路，都要提前做好规划，否则孩子会疲于奔命，走不好他想走的那条路。

有父母曾问我："我有没有可能使我的孩子既可以参加国内高考，又可以参加美国高考？"据我所知，的确存在这样的孩子，但真可谓万里挑一，堪称天才。这就相当于一名运动员既是游泳冠军，又是马拉松冠军。这并不是绝大多数孩子能选择的道路。

因此，有时孩子的所谓"成功"，只是父母提前做好规划的一个自然的结果；孩子的所谓"失败"，是父母仓促上阵、频繁更换赛道所致。也就是说，如果父母计划将来让孩子参加美国高考，不参加国内高考，就要尽早做出决定，为孩子规划好学习路径，因为这个过程是不可逆的。

此外，如果父母希望孩子参加其他国家的高考，就要提前了解这个国家高考的政策。比如，英国高考更注重学业成绩，如牛津大学、剑桥大学等名校可以先录取，再提交成绩。

其实，大多数孩子的智力水平、自律能力、一天内可有效使用的学习时间都是差不多的，但为什么有的孩子最后发展得特别好，能为国家和社会做出巨大贡献，有的孩子则碌碌无为？很大原因就在于，父母没有提前为孩子规划好。我们以 5000 米长跑来打比方：有的孩子事先就设置了明确的目标，一直朝着目标奔跑，那么他可能不是跑得最快的，但能胜在跑直线；有的孩子先去游泳，再去打场球，最后时间不多了再去冲刺 5000 米，这样只会让他筋疲力尽，就算天赋再好也跑不过那个目标明确的孩子。

如何为培养孩子进行系统规划

关于孩子的学业规划,我一直强调"十年规划":**十年规划去名校,十年规划出人才**。如果实在没有十年,那也要三至五年的时间。建议在以下六个领域进行规划。

◯ 基本素质培养

无论孩子未来要参加什么样的高考,要从事什么职业,要在国内工作还是出国工作,父母都要注重培养孩子的基本素质,使其成为一个全面发展的人,一个身心健康的人。

你可能会感到疑惑:基本素质的培养也要规划吗?

是的。如果你问一个年轻的父母,希望培养孩子哪些方面的素质,那么他很可能会说要让孩子德、智、体、美、劳全面发展。然而,如何做到"德、智、体、美、劳全面发展"呢?要具体,要注意言传身教,更要有培养计划。如果没有培养计划,孩子是很难自动、自觉地具备这些品质的。

有一件让我感到很遗憾的事。儿子出生时,我和所有新手父母一样,对孩子的未来充满憧憬。我给他起了一个中文的小名,叫"小麦",希望他将来能有机会在秋天时去麦田劳动,体验丰收的喜悦,并拥有黝黑健康的皮肤。为此,我还专门写过一篇散文——《起个名字叫小麦》,并在一家发行量达100多万的媒体的副刊发表了!

我在文中写道:"我想象我的注定在城市混凝土阴影下长大的孩子,有着太阳照射过的小麦一样的肤色。我会带他在桃红李白的早春去看绿毯似的麦苗,会带他在瓜果遍地的夏秋去看波涛起伏的麦浪!

甚至让他在麦田里打几个滚，流一身汗。"

然而，如今儿子已经成年了，我还从来没有机会带他去看一眼麦田。

你看，如果没有认真地规划和执行，空有美好愿望，那么哪怕只是一件美好的小事也做不到！

因此，你希望孩子未来拥有哪些基本素质，现在就要开始计划，然后认真去执行。像道德品格方面的教育、团队精神的教育、身体素质的培养、艺术方面的修养等，这些都是对一个孩子最基本素质的规划和培养，它们与其将来从事什么职业无关，只与做一个优秀的人有关。这些其实都不是随机去做的，而要根据孩子的特点，有规划、有计划地去培养。

● 发现孩子潜能，点燃他内心的火种

为什么有的孩子有内驱力，有的孩子则没有？为什么有的孩子会主动去学习、钻研自己喜欢的领域，而有的孩子连做作业都要被不断催促？

发现孩子的潜能，就是点燃其内心火种。孩子的潜能就像发动机的引擎，父母需要做的就是去点燃它。在点燃火种之前，父母需要做什么准备呢？

答案是，要去主动了解孩子！

有多少父母能真正用好奇的眼睛去了解孩子、发现孩子呢？有多少父母能在孩子出生时，感谢这一生命的奇迹，说一句"感谢你来到我家"，问一句"你是谁"，并应许"我会用一生去了解你，让你发挥

生命的潜能"呢？

每个孩子都是携带着父母的基因来到世上的，但如果他只是父母基因的集合，那这个世界就太乏味了！他身上可能某些部分像父亲，某些部分像母亲，那些有趣的"变异"部分才是其关键——他有可能比父母更聪明，也可能不及父母聪明，还可能拥有父母完全不具备的天赋。造物者的智慧就在这遗传、变异中体现出来，人生的美好的延续也存在于这些未知中。否则就无法解释为什么一些优秀学者的父母是普通的农民，而一流大学教授的孩子却对学术完全不感兴趣了。

以智商为例。根据统计学中的均值回归理论可知，如果父母均为高智商，那么孩子的智商大概率不及父母，但很可能情商超过父母。对智商处于平均水平的大多数普通人来说，好消息是，孩子的智商很可能会超过父母。

因此，父母对孩子的了解应该是全方位的，包括他的智力结构、性格特点、沟通偏好、学习模式、运动天赋、兴趣爱好、敏感程度等。只有了解孩子，才能发现孩子的潜能，在孩子最擅长的地方帮助他成长成才！

发现孩子的潜能是偶然、随机的吗？当然不是。父母要带着好奇心、求知心去观察、去了解。放下批评、放下判断，也忘掉你的人生经验告诉过你的，判断一种性格是"好"还是"坏"、一种兴趣爱好是"好"还是"坏"的刻板印象。

每个孩子都是带着使命来到这个世界的：有的孩子是要成为一名工程师，有的孩子是要成为一名厨师；有的孩子是要成为一名户外极限运动挑战者，有的孩子是要成为一名科研人员；有的孩子是为了探索宇宙，有的孩子是为了带着村里的孩子们走出大山……身为父母，你不能代替孩子去选择他的使命，你需要做的是去发现他的使命、他的潜能，然后顺势而为，点燃火种。这样一来，孩子一定会成长得很快乐，对你也充满感激！

◉ 规划特长爱好，支持与坚持并重

每个孩子都拥有天赋，它作为一种爱好或特长来将一个人与他人区分开。然而，我们对"天赋"的定义比较狭窄，这限制了我们发现孩子的天赋。

你认为，有天赋的孩子通常是什么样的呢？你可能会说，学习成绩特别好、数学天才、音乐天才、绘画天才等。其实，有些天赋看得见，有些天赋看不见。也就是说，有些天赋是显性的，有些天赋是隐性的。

哈佛大学教授霍华德·加德纳（Howard Gardner）多年前提出了多元智能理论，拓展了人们对天赋的认知范围。他最初提出了七种智能，包括音乐智能、身体运动智能、数理逻辑智能、语言智能、空间智能、人际智能、自我认知智能。后来，又增加了自然探索智能和存在智能。这说明人类对于什么是天赋的认知在不断拓宽。

尽早发现孩子的天赋并基于其天赋培养孩子的爱好和特长是最自然、最事半功倍的，但并不是所有孩子的天赋都是明显的，都能早早地体现出来。要想发现孩子的天赋并基于天赋去培养孩子，父母还需要去做一些规划。比如，在孩子小的时候就有计划地送他去几个兴趣班，孩子只有接触到，才会知道自己是否喜欢。此外，父母还要与兴趣班的老师沟通，了解孩子在这个方面的天赋如何，表现是否比平均

水平的孩子好。老师往往能很容易看出孩子在这个领域是否超出了平均水平，因为他教过的学生很多，容易做比较。

我的儿子在上小学时参加了学校的围棋队，每天放学后都会去参加围棋兴趣班，假期还会参加围棋比赛，那是他小学阶段最快乐的时光。他在小学四年级就达到了业余四段。当时，我家到处都是围棋书，孩子每天如饥似渴、废寝忘食地下棋，这全凭他的爱好所驱。

在发现了孩子的天赋后，父母还要有计划地培养孩子的天赋。马尔科姆·格拉德威尔（Malcolm Gladwell）在《异类》（*Outliers*）一书中指出："一个人在学习的过程中，要完美掌握某项复杂技能，就要一遍又一遍艰苦练习，而练习的时长必须达到一个最小临界量。事实上，研究者们就练习时长给出了一个神奇的临界量——10 000 小时。"他将这个定律称为"10 000 小时法则"。

对孩子兴趣爱好和特长的培养通常发生在小学阶段，父母需要提前为孩子做规划，并陪伴孩子坚持下去。当孩子遇到挫折和瓶颈时，只有父母下定决心、耐心陪伴，才能让孩子走得更远。

● 规划英语学习，打开未来之门

英语是我国学生的第一外语，除了日常的学习和考试外，还有诸多应用场景：要想出国留学，往往需要英语过关；要想去国际性公司工作，就需要将英语作为主要工作语言之一；要想搞学术研究，往往需要以英语来写作、发表论文……

有一些父母，自己学了十几年英语，但还是无法熟练地听、说、读、写。对于孩子，他们则是，在孩子还是个小婴儿时就教其学习英文字母，在孩子中文还没学好时就给孩子做英语启蒙，孩子上学后又给他报各式各样的英语班。结果十几年后，孩子的英语水平可能还是不尽如人意。这让很多父母感到头疼：不仅多年的学费打了水漂，还浪费了大量的宝贵时间。

其实，学英语也需要规划！以下，我将根据我自己学英语的体会来分享一些经验。

要规划英语学习，不能有辅导班就上。作为一门语言，英语和汉语一样博大精深，因此学习英语是一个漫长的过程，学好英语也是一个终生课题。不过，这并不妨碍我们对英语学习进行阶段性的规划。如何规划呢？要以终为始，按照目标进行规划。

如果孩子的目标是参加国内高考，就要按照教学大纲和教科书来学习，多读一些英文杂志、英文书籍。可以做往年的英语四级考试真题（相当于大学二年级的英语水平），应付高考绰绰有余。

如果孩子的目标是参加国外高考（以美国为例），那么对英语水平的要求就要比上述要求高得多。如今，参加国外高考，如果托福没有考到 100 分都不好意思提交。如果在国内高考中英语满分，就只相当于托福考 60 多分，二者的差异在于词汇量存在着数倍的差距。更何况，托福只是起步，还有 SAT/ACT，它们都比托福要难很多。要是不提前三至五年做规划，最后一定会让孩子感到压力巨大，以至于挤占了其他正常学业的时间，搞得兵荒马乱。

如果孩子的目标是去国外上高中，就要提前五至七年做规划。

无论孩子将来是要出国还是在国内发展，我相信如今的父母都希望孩子能够英文过关，因为这意味着他将会成为一名国际化人才。不过，这也是一个漫长的过程，绝不是一蹴而就、突击一下就可以的。

我已年过半百，从哈佛大学毕业也已近 20 年了，由于英语过关了，让我拥有很多国际化发展的机会。如果让我回忆我的职业生涯中有什么让自己自豪的部分，那就是：我曾在知名的国际顾问公司担任高级副总裁，去过美国及欧洲许多国家的海外办公室，与当地同事一起无障碍地为全球客户工作。2008 年北京奥运会期间，我作为国际顾问，跟随火炬传递的足迹踏上了世界几大洲。我希望，未来有更多的中国孩子能够成为国际化人才，发挥更大的影响力，让世界成为他们的办公室。

◐ 规划求学路径，不走弯路

我在前面讲到，现在孩子们有很多选择：既可以参加国内高考或是走特长等专业道路在国内发展，也可以去国外读大学……这一代人真是非常幸运！

每条路都能出人才。父母最好尽早协助孩子做出选择、做好准备，要避免随意变换赛道。这不仅与孩子的学业有关，也与其心理发展有关。因为孩子也有自己的朋友圈，如果经常变换赛道，就会让孩子的朋友圈出现断层，即缺少稳定的环境以及同学的支持、滋养，引发心理问题，这对即将进入青春期的孩子来说是非常不利于其身心健康的。

是否可以兼顾某些课程及某些教育内容呢？可以的。比如，你把孩子送到国际学校，并希望他多了解一些中国古典文化的内容，就可以通过一些课程、夏令营等帮助孩子补充这方面的知识。又如，如果孩子在国内的公立学校读书，很想学好英语，甚至是学习法语，那么你可以通过报一些特别的素质教育课程来帮助他学习。注意，这样做的前提是，孩子要对此感兴趣，不要让你的额外安排成为孩子的负担。

如何提前规划求学路径呢？可以全家坐下来共同讨论。你们需要综合考虑家庭背景、经济实力、孩子的潜力和学习特点。一旦确定了目标，就要开始规划路径了。对于有条件的家庭，我通常鼓励他们送孩子出国学习，因为并不是在每个时代，出国留学都像现在这么容易的。因此，也希望每个有机会出国深造的孩子都能珍惜时代的机遇，感恩生于这个伟大的全球化时代。

● 规划出国时间，准备好孩子才自信

关于出国的时间，既与父母的意愿有关，也与家庭条件有关，更与孩子的意愿有关，也需要提前规划。这个规划会对孩子日常学习的内容带来非常大的影响。举例来说：如果一个孩子计划高中出国（现在学生高中出国非常普遍，因为美国高中（以下简称"美高"）的名校录取率的确比国内高中的录取率高一些），就意味着他初三时就要申请，初二时就要通过托福考试（越好的高中，对托福成绩要求越高，申请顶尖美国高中的学生托福成绩普遍达到了110分）。此外，还要通过SSAT考试（比托福难），满分2400分，至少要考到2250分才能申请较好的私立高中。此外，还需要提交爱好和特长的荣誉证书，这需要事先有长达数年的时间去练习和准备。

现在看来，父母对孩子的规划能力不仅决定了孩子的竞争力，还决定了孩子在一所新的学校里是否有竞争力。孩子（尤其是中学阶段的孩子）在学校里的自信心，很大程度上取决于他的成绩在班里乃至

学校的排名。如果孩子的成绩位于前 20%~30%，就有利于孩子树立信心，帮助他健康成长；相反，如果孩子的成绩位于最后的 10%，他就一定会感到自卑、压力大。

因此，我觉得我们现在培养孩子，跟当年父母辈培养我们是完全不一样的。想当年，在学业方面，我们真可谓"在同一起跑线上"，大家都没有其他的选择，都就读于公立学校，且只有高考这一条路。同样的时间、同样的环境，学生的学习成绩如何，在很大程度上取决于自己的努力程度。

如今，身处竞争中的孩子，其实并不是他一个人在奔跑，而是以家庭为单位的团队在奔跑，其中既有家庭的精力，还有父母的视野、格局和学习能力。孩子需要一个团队，父母要在这个团队中给孩子做好领路人、规划师、执行者。

哈佛大学"成就差距"项目创始人罗纳德·弗格森（Ronald Ferguson）与知名记者塔莎·罗伯逊（Tatsha Robertson）历时 15 年，采访了超过 200 位哈佛大学、耶鲁大学、斯坦福大学等名校毕业生及其父母，结合他自己"成就差距"项目多年的研究成果，从中发现了培养成功子女的秘诀。他们发现，所有成功人士的父母都扮演着相似的八种角色，分别是：早期学习伙伴、飞航工程师、救援者、启发者、哲学家、榜样、谈判专家、全球定位系统。他们从这些成功经验中提炼了一套全新的教养方式：只要扮演好这八种角色，就能让孩子拥有既成功又幸福的人生。他们将这些发现写入《高成就孩子的教养法则》(*The Formula*) 一书中。

我在看到这本书时感觉很惊讶，因为这本书没有采访华人孩子。

我在弗格森教授在哈佛大学肯尼迪学院的办公室里曾与他讨论过。我说，我一直以为只有华人父母才会这么不遗余力地培养孩子，没想到美国的父母也如此重视早期教育。这使我们看到，对孩子的规划和教育是一种全球趋势。

我不主张孩子在幼儿园阶段学习过多知识，父母高质量的陪伴、多玩耍，每天玩得哈哈大笑、满头大汗，才是最好的学前教育。此外，还要培养孩子养成良好的阅读习惯，让阅读成为孩子主动探索未知世界的窗口。美国有一个非常流行的计划——上幼儿园前读1000本书！

6~16岁，正是我说的"十年规划"的阶段。父母要根据自家的条件、孩子的条件，将孩子的基本素质、品格、专长、修养、体育、特长、英语学习、求学路径、出国时间等做成规划书。

在为孩子做规划时，可以根据时间长短来制订短期目标（如一个月内希望完成什么目标）、中期目标（如当年希望完成什么目标）和长期目标（如10年后希望去什么大学读书）。只有目标明确，才能知道遵循什么方向去努力。如果孩子希望10年后能去上哈佛大学，你就该尽早联系一些哈佛大学校友或是去网上了解哈佛大学需要什么样的学生、学生需要具备哪些条件、符合哪些标准等。这样，即使孩子日后没去成哈佛大学，但如果一直按照哈佛大学的要求去努力，也很可能会被康奈尔大学等其他名校录取。我之所以这样说，并不是说其他学校比哈佛大学差，而是说只要孩子足够努力、足够优秀，就会有很多优秀的学校向他敞开大门。

以上，我用了很大篇幅说留学的事，并不是鼓励所有的孩子都出国。有的孩子对国内体系适应良好，可以以国内的名校为目标。

我们有一个学生，母亲是跨国公司高管，一直希望孩子能出国。但是孩子在公立学校的成绩很好，学校老师也重点培养他，后来去了清华大学，也是非常好的结果。

如果我们发现孩子有特殊才能，能成为某一领域的人才（如运动员、能工巧匠），就要尽早在这方面好好培养孩子，并为他提供必要的平台和资源。行行出状元，在现在这个元宇宙时代更是如此。

如何将规划执行到位

如果规划后没有执行，规划就只是一纸空文。不过，一旦执行起来，又可能很难坚持，或是孩子并不是很配合，怎么办？下面，我来分享三个原则。

在执行规划之前，你必须征得孩子的同意

孩子在上小学后，通常会懂事很多，对问题有自己的理解和判断，这时你就要让孩子参与一些决定，有些事情也可以让孩子自己做选择。如果有什么事情你需要孩子配合或是让孩子积极参与，就必须征得孩子的同意，这也是对孩子的尊重。

在制定规划时，你应让孩子充分参与进来，让他了解为什么要做规划、目标是什么。展示目标时，最好是形象的、可触摸的、可感知的。比如：

- 如果你想让孩子树立"出国"这样的目标，那么最好让孩子在暑期有机会参加夏令营，让他切身体会在海外学习的不同；

- 如果你想让孩子树立"学音乐"这样的目标，那么你最好多带他去音乐会，听听美妙的音乐，让他对流淌的音符心驰神往；
- 如果你想让孩子树立"成为优秀运动员"这样的目标，那么你最好从小多带他去观看体育比赛；
- 如果你想让孩子树立"探索大自然"这样的目标，那么你最好多带他走进大自然，去看大山、看星星。

如果这个目标是孩子自己提出的，那就太好了！这样，孩子就会更愿意配合你们的规划，也更愿意执行这个规划。

在执行的过程中，父母要意见一致，角色要有分工

在执行过程中，可以是父母双方一起规划，其中一位承担主要的执行角色（通常是母亲），另一位要支持、配合。此外，父母要意见一致，否则孩子很容易找到退缩的"后门"。

说到执行，我不得不提到一个人物——《虎妈战歌》一书的作者虎妈蔡美儿。我知道，当我提到她的时候，一定会有人提出异议甚至反对。这本书在几年前上市时就引发了很大的争议，尤其是在美国主流社会，他们认为华裔母亲这样养育孩子必然会给孩子留下阴影，还批评她对孩子拉小提琴、体育等各方面的培养太严格了。

虎妈是耶鲁大学的一名教授，非常自律。她的丈夫也是耶鲁大学的教授，且在培养孩子的过程中，尊重虎妈的决定并对虎妈全力支持，虽然有时也会有异议，但是持保留意见。

起初是虎妈单方面地让两个女儿从小学习乐器——钢琴与小提琴。在孩子学了一段时间后，她请一位一流的音乐家给孩子评估，确认孩子是否具备音乐天赋。在得到音乐家对孩子的肯定后，虎妈便一

往直前，让两个女儿持续学习乐器，且要求极其严格！

比如，要求女儿"每天必须练琴六小时""不准学习钢琴和小提琴之外的乐器"，无论孩子采取何种态度抵抗练琴，虎妈也绝不手软，采取各种手段达成目标。小女儿七岁时，在练习一首需要两手高度配合的曲子时遇到困难，直接撕碎了乐谱，结果虎妈威逼利诱，直到她完成了这项艰难的任务。

多年以后，孩子们都已长大成人。美国的媒体又采访了这两个孩子，想看看她们是不是像美国媒体所担心的那样心理扭曲，人生走向失败。结果，虎妈这两个女儿都考入了哈佛大学。大女儿高中毕业后顺利进入哈佛大学，继而在耶鲁大学法学院读硕士，现在在美国军队，是二级少尉，她将在华盛顿巡回法院任职一年后继续为部队效力。对于大女儿的职业选择，虎妈完全没有干涉，完全支持她。2018年，小女儿以GPA接近满分的成绩顺利考入哈佛大学，现在已经从哈佛大学毕业，在纽约实习。两个女儿现在都非常健康、乐观、美丽、自信，她们都表示非常感谢母亲当时的培养，并说将来自己很可能也会做个虎妈，严格要求孩子。

如今，舆论又改风向了，说虎妈原来是对的，还说她现在大获全胜。为了吸引注意力，媒体容易将事情变得简单化、戏剧化。

不过，我们看到了这是一个高情商的家庭，尽管虎妈的要求极其严格，但是孩子们都没有出现心理问题，因为虎妈做到了五项修炼，而不仅仅是"规划与执行"这一项。

要坚持

就像跑马拉松一样，只要坚持到底，就能获得一块奖牌，无论你跑第几名；一旦半路退出，就不会有奖牌。如今在城市长大的孩子，几乎都在小时候上过兴趣班，但又有多少人坚持下来了？保守估计，只有10%的孩子坚持下来了，其他90%的孩子，则是"小学多才多艺，中学全都放弃"。

谁能够成为那10%？关键在于父母，不在于孩子，也不在于你坚持的东西将来能否用得上。坚持本身，这个从0到1的过程就很有价值。如果孩子在少年时期长期坚持过一件事，这种努力和自律本身就能让他受益终生。

无条件的爱、高情商、执行力，三者缺一不可

如果父母能构建高情商家庭，有很强的执行力，能给予孩子无条件的爱，那么在这种家庭长大的孩子就可以成为"快乐的学霸"。如果缺少这些元素，那么会出现什么情况呢？

◉ 第一种情况

在一个高情商家庭中，如果父母没有规划且执行力不强，对孩子基本散养，也没有用心地去培养孩子的爱好，会出现什么情况呢？

在这种家庭中长大的孩子可能是比较轻松的，但也可能是低自尊的，因为他的学业可能会不好，将来也难以在某个领域做到很优秀。如果孩子本身对自己没有什么要求，那么他可能是快乐的，我们把这样的孩子称为"快乐的小明"（辅导过作业的父母想必会会心一笑，因为人们常常会在举例中将普通的小孩称作"小明"）；如果孩子天性争强好胜，他就快乐不起来，我们就将这样的孩子称为"不快乐的

小明"。这种孩子的天赋会在父母的"不作为"中被埋没，而且他们通常无法对国家和社会做出较大的贡献。

● 第二种情况

在一个低情商家庭中，如果父母执行力强，即管理严格、沟通不畅，会出现什么情况呢？

在这样的家庭中，虽然孩子在学业方面可能会取得优异成绩，但是会出现压力过大、情绪不稳定、沟通有问题等情况，成为"问题型学霸"。如果问题严重，孩子还可能会成为"抑郁的学霸"。我非常反对这种情况，因为如果父母仅仅是在学业上压着孩子、盯着孩子，没有在情感上支持孩子，就会让孩子出现空心病。

● 第三种情况

在一个低情商家庭中，如果父母的执行力比较弱，会出现什么情况呢？

这会使得孩子学业不佳，自信心不足，情感也得不到支持，我们称这样的孩子为"有挫折感的小明"或"挫败的小明"。为了让父母有信心，我们也可以称这样的孩子为"阶段性挫败的小明"，因为教育是终生的，总有机会重新开始。

● 第四种情况

在一个高情商家庭中，如果父母的执行力强，但给孩子的爱并不是无条件的爱，只有在孩子成绩优秀时才表现出更多的爱和赞扬，会出现什么情况呢？

这样的孩子最怕挫折和失败。他们会在父母的期望中长大，最怕让父母失望。一旦遇到较大的挫折，他们往往就会一蹶不振。

● 第五种情况

如果父母一方（通常是母亲）全职带娃，给予孩子无条件的爱，但是没有很好的规划力与执行力，会出现什么情况呢？

全职带娃的这一方会很容易产生挫折感和无力感，甚至怀疑自己的价值。这与第一种情况不同的是，由于全职妈妈或全职爸爸的过度付出，会给孩子带来很大的压力。

综上，我特别希望父母们能做到五项修炼，首先做更好的自己，给予孩子无条件的爱，为孩子赋能，构建高情商家庭。基于上述基础，还要加强规划与执行力，让孩子都能快乐地学习和成长，未来在某个领域做出成绩。

本书第一部分内容就是我近几年对于中国学习型家庭在培养孩子方面的一些思考，希望能为父母们带来启发和指导。孩子允许你陪伴、允许你指导并执行你的规划的时间，只有短短十几年而已，这是一条短暂但风景优美的路。

愿每一位父母都能珍惜与孩子相处的缘分，为国家、为社会培养好下一代！

与大家共勉。

思　考　>>>>>>>>>>>>>>>>>>>>>>>>>>>>>

1. 你对孩子基本素质的培养规划是什么?
   _____
   _____

2. 你对孩子学习动力的培养规划是什么?
   _____
   _____

3. 你对孩子兴趣爱好和特长的培养规划是什么?
   _____
   _____

4. 你对孩子英语学习的培养规划是什么?
   _____
   _____

5. 你对孩子求学路径的培养规划是什么?
   _____
   _____

6. 你是否计划让孩子将来出国留学?
   _____
   _____

7. 如果计划让孩子出国留学，那么你会辅助他制定一份什么样的时间表?
   _____
   _____

The Art and Practice of Parenting in China

第二部分

案例精选

在本书的第二部分，我从问校友家长学院的几百节课中精选出 15 个案例，供大家学习。这些案例都体现了父母在养育孩子过程中的五项修炼。其中不少是考上哈佛大学的学生的父母，讲述了他们的孩子成功"逆袭"的故事。我相信：**曾经启发过我的，也一定会启发你**。

第一项修炼案例:
成为更好的自己

张卜凡的故事:为激励女儿,我考上了哈佛大学

很多中国父母,特别是父亲都会有这样的想法:自己在外面拼命工作,给孩子创造最好的条件,孩子则交给老人带、由母亲负责教育。

作为三个孩子的父亲的张卜凡也曾这样认为。他在外努力打拼事业,在业界内取得了令人羡慕的成就,没想到在子女教育的问题上却走了不少弯路。

● 被女儿"将"出来的"哈佛大学梦"

由于张卜凡的工作变动,他的整个家庭都要在不同的城市间辗转。他的女儿也因此不得不在北京与上海的不同国际学校读完了幼儿园和小学,而后又被送入国内一所著名大学的附属中学读书,这是一

所全国知名的重点中学，但也是一所很传统的公立学校。一开始，张卜凡和妻子并没有意识到，女儿在这两种不同的教育模式之间并不能得到很好的衔接。

直到有一天，女儿对张卜凡说："爸爸，我不喜欢现在的学校，我想去美国读书。"张卜凡就问女儿为什么会有这样的想法。女儿回答说："因为我在现在的学校读书很没意思，老师好像并不是在教书，而只是在训练我们做题。我们在学校每天只是为了准备高考而不停地刷题，这样的生活很没意思！"

这时，他才幡然醒悟：女儿已经上高二[①]了，由于自己和妻子对女儿的学业发展缺乏长远规划，使女儿陷入一种在不适合的教育环境中看不到未来出路的困境。他们只是病急乱投医，认为孩子只要上一所好学校就可以了，却没有认真考虑这所学校是否真的适合她。父母在无意中犯下的错误，打乱了孩子原本可以清晰发展的教育路线。

也因此，张卜凡对女儿出国读书的想法给予全力支持。接下来，选学校、考托福这些事情都交给孩子的母亲来做。

其实，他的女儿去美国读书已经非常晚了，只能入读十一年级。十一年级在美国已经是为申请美国大学进行冲刺的阶段，学习成绩都很重要，每一门课程都不能落下，因此现在我建议家长如果想让孩子去美国读书，一定不要等他上十一年级再去，一定要趁早，越早越好。最好根据家庭条件，让孩子七、八、九年级去，最迟不要晚于十年级，因为每个孩子都至少要有一年的适应期。

[①] 我国的高二相当于美国的十一年级。

后来，他终于把女儿送到国外读高中，可是却又发现原本学习成绩很优秀的女儿，在申请大学时，所有的目标学校都是名校排行榜中排名 50 名之后的学校。这又令他感到震惊：宝贝女儿为什么会这么没有自信？

于是，张卜凡想尽各种办法帮助女儿提高自信。他先是建议女儿去参加绘画竞赛和社区活动，增加日后拿到名校录取通知单的筹码。然后他又跟女儿商量："你要申请的学校，咱们俩分别写六所，再把这些学校放在一起去申请，好不好？"

当女儿看到他写下的都是哈佛大学、耶鲁大学等"可怕"的名校时，她抗议道："那些都是你想要念的学校，不是我想就读的学校。你要想上哈佛大学，你自己去申请试试看啊！"

"好的，老爸就去考个哈佛大学给你看！"张卜凡硬核[①]回应。虽然当时他并不是有十足信心，但他还是马上采取了行动。几个月后，在他生日当天，他把自己的录取通知单拿给女儿看——哈佛商学院录取了他，他将学习哈佛商学院最负盛名的王牌课程——高级管理课程（Advanced Management Program，AMP）……

◐ 父亲要做家庭教育的 CEO

我们要聊张卜凡教育子女的经验，得先从他的生平经历讲起。

张卜凡在广州出生，10 岁时全家移居到香港。香港的社会环境跟内地有很大不同，初来乍到，张卜凡感到很难融入其中。再加上香

[①] 硬核，网络用语，直观地表达出"很厉害、很强悍"的意思。

港有英文课，而他的英文底子又很薄，对香港普遍使用的繁体字也难以适应，这些都导致他的成绩一落千丈。在刚到香港的第一年的期末考试中，他的成绩排在全班倒数第二。这给他的心理造成了很大的冲击，导致他异常苦闷。

不过，即使他体会到了苦闷，他也会冷静思考：在这样的环境中，我该如何突围？如何能让周围的同学更看得起自己？如何能赢得老师更多的关心和帮助？他认真思索后，觉得自己唯一可以把控的事情就是把自己的成绩提上来！因此，从下个学期开始，他就拼命地学习。在新学期的期末考试中，他的成绩跃居全班第二！

从第三个学期开始，他就一直稳居班级排名第一的宝座，并以这样的水准一直保持到中学会考。

由于中学会考成绩出色，他被香港中文大学的预科班录取，后来在该校读了本科，毕业后又去伦敦商学院攻读了 MBA。

少年张卜凡的这段"逆袭"经历，不仅为他今后的人生带来了深远的影响，也给了他深刻的启发，让他意识到：**只要把事情做到最好，那么无论多困难的局面都会因之而扭转**。这样的精神信念也让他在今后子女的教育上对自己提出了更高、更严格的标准。

进入职场后，张卜凡在商界做得风生水起。他历任飞利浦香港公司的销售经理，成为将飞利浦照明业务引进内地的第一人，被誉为"中国进口照明之父"；其后，他加入 GE（通用电气），成为大中华区照明业务负责人，是当年 GE 历史上最年轻的华人高管；他在入职嘉士伯公司后，担任销售业务负责人，成为中国地区历年业绩最佳创造者；1998 年，他策划了国内最大规模的"中国国际啤酒节"，并一直延续至今；其后，他担任了网易副总裁，帮助网易重新进行战略定位，开创了网易的游戏业务板块，使网易成为最先盈利的互联网公司……他在商业领域的开创性成就不胜枚举，不论是作为跨国公司职业经理人，还是互联网与整合营销领域的创业者，他都获得了令人艳羡的成功。

然而，在这些巨大成功的背后，张卜凡也付出了同样的代价——他无法将更多的精力放到对孩子们的教育上。

张卜凡是在女儿出了状况之后，才意识到他和妻子为人父母犯了多么严重的错误，特别是作为父亲没有参与到孩子的教育中来。在一个家庭中，如果母亲是一个家庭的COO，是执行者，那么父亲应该是一个家庭的CEO，是负责制定教育策略的人。就和在企业里发挥的作用是一样的。

在成功示范考上哈佛大学之后，这位CEO父亲真正参与到女儿的学业中来。女儿有了父亲作为榜样，也激发出难以想象的动力来。

女儿要适应新的环境，而且每门课程都不能落下，还要为申请大学做各种准备，压力之大可想而知。她只能每天凌晨一两点才睡觉。

女儿平时喜欢画画，他就建议女儿在美国参加一些绘画比赛，争取拿到一个奖项。不久，女儿果真参加了在洛杉矶举办的一场绘画大赛，拿到了加州第一名的好成绩，该奖项对她日后申请大学起到了关键性作用。

他们还帮助女儿精心挑选了在美国的监护人，这是一位退休的女士，并热心于公益，可以让女儿和她一起参与服务社区的慈善活动。

张卜凡更是叮嘱女儿，在高中的最后两年在学习上要做到全力以赴，GPA 成绩不能低于 3.5 分。在十一年级结束时，女儿的 GPA 成绩是 3.98，已经非常优秀了；到十二年级的上学期，女儿又选了几门 AP 课程，GPA 成绩更是提高到了 4.12。

张卜凡还建议女儿，在美国一定要多与当地人打交道，提高语言能力，融入当地文化。一年之后，当张卜凡再见到女儿时，她的英语发音已经有了质的变化，她的口音已经不再带有香港、新加坡式的亚洲口音，而是与土生土长的美国人没有太大的区别。女儿与周围的美国同学交往也很不错，在十二年级时，她参与了学生会一个职位的竞选，并高票当选。

孩子独自一人远赴国外上学，需要极强的自律能力，好在女儿在这方面让张卜凡很满意。看来女儿在美国的学校表现很好，应该对自己的未来也是充满着美好的期待。可是等到女儿要申请大学的时候，就出现了开头的一幕。张卜凡在女儿的话语的刺激下，经过不懈的努力，考入哈佛大学。当他把哈佛大学录取通知书拿给女儿看时，令女儿大吃一惊。她当初是故意刁难父亲，父亲居然做到了，这样一来，做女儿的还有什么理由那么畏惧挑战呢？

后来，女儿申请的一些学校的录取结果也陆续出来了，最先给她抛来橄榄枝的是波士顿学院（Boston College，BC），BC 在全美大学中的排名在 30 名左右。女儿很高兴地说："既然 BC 愿意接收我，那我就马上接受。"张卜凡告诉她："再等等，可能还会有更好的呢！"不久之后，南加州大学（University of South California，USC）也给女儿发来了录取通知。USC 在全美大学中的排名大概在 22~25 名，是西海岸最古老的私立研究型大学。这次张卜凡觉得差不多了，就支持女儿接受 USC 的入学邀请。

由于女儿在大学要攻读的课程专业方向是艺术,张卜凡有点担心,如果女儿只修艺术,将来无法更好地养活自己,因此他特意叮嘱女儿,在大学期间不仅要修艺术,还要兼修一些管理与传播类课程,这样视野才能更开阔,未来的路也会更宽阔。

后来的事实证明,张卜凡的担心完全是多余的。女儿在大学里专业学得很好,生活也很充实和快乐。张卜凡给了女儿一些读大学的建议,包括如何跟教授和同学们处理好关系,要在最美好的大学时光里享受恋爱的体验,但是要用是否值得托付一生的态度严肃对待自己的感情。对于这些建议,女儿都认真地执行了。

在女儿临毕业时,女儿带着张卜凡去见她的一位教授。教授对张卜凡说:"千万别让你的女儿放弃艺术,她很有天分!"

在后来的大学毕业典礼上,女儿又很开心地对张卜凡说了一番话,令他感触颇深。她说:"爸爸,谢谢你当年硬要我去改变选择,这让我可以考上这所学校——这所学校真的很棒!它让我每天都感觉到我会很接近自己的理想。我读了热爱的专业,我能不断地创作自己的作品,积累起自己的成就感,我还收获了一份美好的爱情。现在,我的打算是工作两年后再去攻读硕士学位,我相信,那个时候我会有信心去读很好的艺术学院,甚至我也不排斥去综合性大学的艺术学院里进修——包括去申请哈佛大学。"

可想而知,身为父亲的张卜凡在那一刻会有多么激动。

女儿成长的这段经历,给了张卜凡很多启发。他终于意识到:自己过去把太多的时间和精力放在了事业上,**其实人生最大的事业是自**

己的家庭——经营自己的家庭，在家庭生活中获得的幸福感，对每个人来说都更为重要。而孩子的教育，又是家庭中最关键的几件大事之一，父亲绝不能缺位，父母应该对孩子的教育有长远的战略眼光。另外，父母激励孩子的最好办法，就是自己先做到。

于智博的故事：从输在起跑线上的男孩到《一站到底》"哈佛男神"

2017年，在江苏卫视举办的《一站到底》世界名校争霸赛中，有一个选手表现出色，一战成名，为哈佛大学战队拿下冠军立下了汗马功劳，也给观众留下了深刻印象。

他就是人称"哈佛男神"的于智博。

在就读哈佛商学院期间，他成绩优异，还是该校历史上首位担任篮球队队长的中国人。他刚一毕业就被遴选加入花旗银行"全球领袖计划"，并在世界500强企业中担任重要职位。后来，于智博登顶珠峰，成为第一位登顶珠峰的哈佛大学毕业生。

然而，就是这样一位人人都争相赞誉的青年才俊，却颠覆了我们理想中的英雄叙事：他自幼并非"别人家的孩子"，而是一个输在起跑线上的男孩。从成绩倒数，到哈佛商学院高才生，于智博是如何实现华丽转身的？我们来听听他本人的讲述。

如果用四个字来形容我的童年，那就是"流离颠沛"。

◎《一站到底》世界名校争霸赛哈佛大学战队合影,右一为于智博。

该图片由于智博提供。

我出生在成都,但在上海读完了小学,而初中则就读于成都市实验外国语学校。整个初中阶段是我学生生涯中最痛苦、最沉闷、最无助、最无聊的三年。究其原因,我认为更多的与当时我所在的学校的教育环境有一定的关系。

我在中学时成绩处于中等偏下,数理化经常不及格。因此,对于北京大学、清华大学这类一流名校,我自然是望尘莫及的。虽然我的历史、地理、英语、语文成绩还不错,但是综合评定一直处于中等靠后。因此,我的父母都不愿去开家长会,我也非常苦恼。

成绩不好，并不意味着我是一个调皮捣蛋的学生；相反，我上中学时表现得勤恳听话：从不迟到早退，认真完成所有作业，从不抄作业（哪怕我做错了，或者花了比别人多好多倍的时间，我都坚持独立完成）。然而，即便如此，我还是经常成绩垫底。

这是为什么呢？因为老师出的考试题，除了少量课本里的基础题，更多的是一些超纲题目，用老师的话说就是"为了拉开差距"的题目。这样一来，只掌握基础题显然不能取得高分。

为了解决这个问题，父母帮我高价聘请各种家教。在那个补习并不盛行的年代，父母给我请了数、理、化老师三员大将一起"助攻"。结果就是，我失去了所有的自由玩耍的周末时光，但成绩还是不尽如人意。基础题照样会做，但是一到考试就抓瞎。

看到这个情况，父母既失望又无奈，但更多的是不甘心自己的孩子成为被题海淹没的一员败将。我曾写过一本书，名为《"输"在起跑线上的哈佛男孩》，当时的我，显然已经输在了起跑线上。

◉ 出国——人生逆袭的开始

我要感谢父母对我的肯定。在他们看来，他们的儿子不是一个不学无术的坏孩子，而是一个踏实勤恳的好学生，他只是没有找到适合自己发光的环境而已。

我还要感谢父母的勇敢、明智和富有远见，在我 15 岁那年，他们毅然决然地做出了让我出国的重大决定。要知道，那可是 1997 年，而且目的地还是遥远的美国——那时的互联网并不发达，连手机都非常罕见，通话费用很高，普通中国家庭根本支付不起。而且，我在美国连一个亲戚、朋友都没有，完全是两眼一抹黑——如今准备出国留学的孩子肯定无法想象我当时的艰难处境。

如今想来，如果当时我的父母没有送我出国留学，我也不可能在此以哈佛大学毕业生的身份来与大家分享我的留学经验了。

言归正传，到了美国以后，我是如何实现逆袭的呢？

在这里，我居然成了当地高中的数学辅导员！原因是，中国的初中数学课程，大概相当于美国大学一年级的课程。我当时并不知道这些，因此当被大家夸赞为"数学天才"时很惊喜。在大家的膜拜声中，我的数学成绩非常优秀，连带着物理、化学成绩也全是 A，这让我大受震撼。除了学习成绩的提高，更重要的是我重拾自信。我发现原来自己并不是一个笨孩子，我也可以做到优秀。

人一旦有了自信，爆发后就会势不可挡，就像"开了挂"[①]似的。我此后的日益精进并取得一些成绩，都是源于这段时光带给我的人生转机。

● 体育运动会让人走得更远

不过，尽管我发生了上述变化，但这并不意味着我的学业从此变得一帆风顺了。要知道，我 16 岁只身一人来到美国，在一所完全没有中国人的偏远的学校读书，在语言、生活方式、文化等方面与其他同学的巨大差异，使得如何融入新的环境成为我必须面临的重要一课。

[①] 开挂，原意是指玩游戏时作弊，现为网络流行用语，多用于形容一个人获得了比较惊人的成绩，让人不可思议得以为是通过作弊获得的。

在这里，我插入一个问题：如果父母打算送孩子出国留学，除了注重孩子的学习成绩外，还要关注哪些方面呢？我的答案是，体育运动。

我之所以强调体育运动，并非因为我是国家三级运动员，而是我发现，在我留学初期，体育运动是让我迅速融入新环境的一大利器。

为什么这么说呢？在国外，特别是欧美国家，对体育运动尤其是团队运动非常重视。比如，在美国，如果你是那种不搞团队运动，而一味地自己钻研、考试、写作业的学生，你就会被称为"geek"（这是美国针对这类人群的一个专门的词汇，翻译成汉语意思是"极客"，似乎听起来有点褒义，但在英语中却暗含贬义）。美国学生崇拜的，通常是那些学习好、体育也好的人，如果非得二选一，那就是体育好的人。这是因为，体育好的人往往在未来生涯中走得更远。这就是体育精神在美国受重视并被深深植入美国人血液里的原因。

以下是我粗略总结出的一些体育运动的益处：(1) 体育运动能够强身健体；(2) 体育运动能够培养人的团队精神；(3) 体育运动能够培养人的吃苦精神和冠军意识；(4) 体育运动能够培养人的纪律观念。

关于以上几点，我都深有体会。

在去美国之前，我从上小学起就代表学校参加各类体育运动。我的父亲曾是一名冰球运动员，母亲曾是一名排球运动员，尽管他们没有教我学习冰球和排球，却给我灌输了什么是体育精神。正是这种精神，使我在留学美国时发挥出体内巨大的潜力，在学习和体育方面都有卓越的表现。

美国学校的体育运动按照季节可以分为三个赛季：春季、秋季和冬季赛季。春季主要是田径运动；秋季主要是橄榄球运动；冬季主要是室内的一些项目，男生大多选择篮球运动，女生大多选择排球运动。我读高中时，这三个赛季的项目都参加过，于是成了三项运动的运动员，这是比较罕见的。

其中最值得一提的是橄榄球运动，这项运动在去美国之前我是毫无经验的，但我认为，即使是这样，我也应该大胆尝试；就算我玩得不好，也应该争口气。正是这种"输球不输人"的精神，让我在学校迅速赢得了尊重。打算留学美国的同学们，一定要切记这一点。在所有体育运动中，我主要参加了两项：一项是篮球运动，我不仅是球队主力，还获得了当年的最佳进步奖；另一项是田径类运动，在国内我是400米、200米三级田径运动员，到美国后继续参加这些田径运动项目。我在这个过程中发现，在十几岁的年龄段，中国人跟美国人普遍差别并不大。在这里，我并非建议父母们都送孩子去当职业运动员，而是强烈建议父母鼓励孩子参加一项体育运动。不要管输赢，也不要论技能高低，重要的是让孩子感受团队氛围，感受体育竞技的荣辱感。所有流血流汗的付出，换来的也许是来之不易的胜利，也许是难以咽下的失败，当一个人能体会到无论成败都是一种巨大的人生收获时，他一定会感谢父母。

● 选择最佳匹配的大学

很多中国父母为孩子出国留学选择学校的唯一标准，就是学校的排名。他们每天关注哪所学校排名第一、哪所学校排名第二，完全不会关注排名在 50 以后的学校。我认为，**与排名相比，更重要的是最**

佳匹配。选大学是这样，选高中亦如此！进入一所排名靠前的高中就读并不意味着孩子就会开心，就能学得好，也不意味着孩子就能考上好大学。单纯追求排名的后果很可能是浪费时间、精力、金钱，对孩子也是一种误伤。

以我为例。我所就读的高中位于美国西海岸的俄勒冈州，可能很多人都没听说过这个地方。美国共有 30 000 多所高中，我就读的高中一共只有 50 人，别说全美排名靠前，在全州都算不上靠前。这是一个很低的起点，但确实是我的最佳匹配高中。为什么这么说呢？我当时刚到美国，需要在一所纯美国人的高中学习，我在这里可以迅速学习美式英语，迅速融入美国文化，迅速接受纯正的美国教育。否则，如果学校里有中国学生，那么我肯定会不自觉地跟他们打成一片。尽管这样可能会减轻我的孤立感，但这也会成为让我迅速融入美国文化的一个牵绊。因此，我在这所纯美国人就读的高中不得不如饥似渴地学习语言、生活习惯和文化，学习它的一切。

因此，无论是如今还是当年，无论是在大学还是在工作中，很多美国人都以为我是在美国出生的中国人。这一点让我在大学毕业之后申请哈佛商学院和参加工作时都有很大的优势：我没有美国绿卡，不是美国公民，中国人不会将我视为"香蕉人"；我说纯正的美式英语、穿美国人的服装、学美国的文化，也并不会被美国人排挤。当我操着纯正的美式口音，能投其所好地跟美国人聊纯正的美国球类运动，瞬间就能获得他们的尊重与敬佩。

在那所偏僻的高中，我把口语和美国文化做派都练得非常好，之后去了东俄勒冈大学。这是俄勒冈州东部的一所区域性大学。与我的高中一样，它也是一所榜上无名却是我的最佳匹配的大学。

何以见得？有三个原因。

第一是它的学校氛围。这是一个很重要的原因。东俄勒冈大学是一所只有 3000 人左右的规模较小的大学，老师对学生的关注度高，学生的学习压力没那么大，人情味比较浓。我当时从一所小型高中而来，需要一所小型大学来过渡，这样才不会有太大的反差。如果我去了一所规模很大的大学，那我可能很快就迷失自我了。我在这所最佳匹配大学里，了解了美国的大学系统，扎实地学习了大学的基础课程，结交了一些好朋友。

第二确实是经济状况。从经济角度来说，东俄勒冈大学学费不算高，当时只有几千美元，而且不分国籍、不分地域。那时对我来说是相当有吸引力的。

第三是我的策略。美国大学一般是四年制，前两年学习基本课程，后两年学专业课程。基本课程包括自然科学、历史、地理、物理、化学、英国文学等，是每个学生的必修课程，不管你学哪个专业。我当时的策略是，用两年时间在学费较低的东俄勒冈大学学好基础课程，拿到高学分，在第二年年末再转学到一所更大、更好的学校，去学习大三和大四的专业课程。这样，我在毕业时就能拿到更有名的大学的学位，但是我省了不少学费，同时又打好了两年 GPA 的高分基础。可以说，我这算是走了一条"曲线救国"的路线。就这样，我在大二学年末转学到了密歇根州立大学，两年后大学毕业，并获得了那一届唯一的"最佳毕业生"的称号。这个奖项是密歇根州立大学的师生共同推举出来的。这项荣誉也让我意识到，中国人只要做得好，同样可以被认可。

我从当年的理科不及格到大学优秀毕业生，听了我的励志故事，你的孩子没有任何理由不说一句"智博哥，未来我会超过你"。

于星垣专访："哈佛男孩"是如何炼成的

于智博在《一站到底》世界名校争霸赛中曾多次提及自己的父亲。他说父亲不仅是自己的人生导师，也是他奋斗的动力，他与父亲一直在进行竞赛。这不禁让人好奇：到底是怎样的一位父亲，培养、激励、鞭策出了一个如此优秀的孩子？于智博从输在起跑线上到就读哈佛大学，再到登顶珠穆朗玛峰，他的父亲是如何扮演好自己作为父亲的角色的？我们对于智博的父亲于星垣进行了专访。

问：智博在小学、中学时是什么样的孩子？您观察到他有哪些优点？您是如何引导和教育他的？

他小时候有一张照片可以很好地说明他小时候是个什么样的孩子：他抓住了一辆面包车的后视镜，双腿腾空，北京话叫"打吊悠"，像玩单杠似的。另外，我的母亲还经常念叨，智博小时候在家属院里经常到车顶上玩耍，别人一喊"奶奶来了"，他就立即跳到地上。八九岁时他到河北老家去，还从平房顶往麦垛上跳。可以说，他小时候是个非常典型的捣蛋鬼。

他将调皮捣蛋用到正地方的一个方面就是爱运动。他小学时加入了学校的一个体育班，放学后就去进行体育锻炼，我很支持他，他也非常高兴。他所在的长跑队给每人发一套队服，他穿上队服后信心大增。他还经常到学校附近的中学去打乒乓球，而且越打越上瘾。为了打乒乓球，他不得不提前高效地完成作业，我当然不会制止。他10岁左右时看西班牙球队和另一个国家的球队比赛，大概是凌晨两三点钟，他迷迷糊糊地爬起来也要看。结果，球赛开始前他睡着了，球赛结束后他醒了，气得他对要和他一起看球的爷爷大喊："爷爷，你怎么不叫我看球啊？"后来，他每次踢球、看球时，他爷爷还会讲起他的这些糗事，非常欢乐。

因此，大家也不难想象，一个调皮捣蛋的孩子在学习上肯定不会名列前茅。智博从小学一年级到四年级的学习成绩都是中下水平。中学以后，学校进行成绩排名，为了维护学生的尊严，最后几名学生的成绩不便公布，而智博总是榜上无名。尽管如此，我却不以为然，在我看来，中小学的知识长大后自然都会了，现阶段偶尔因为一道题算错了、一个字写歪了而没考到100分，并不会造成什么太大的影响，只要孩子能掌握基本规律和学习方法就行了。与其为了考100分而费尽心力，不如将这些精力放在强身健体等全面、有目的地发展自己上。我自己就曾因暑热而在中招考试时晕倒在地，被送进医务室休息了20分钟后才返回考场考完的。因此，我对这一点深有体会。没有强健的体魄，将来是很难担当大任的。

除了好的身体素质，我觉得还要有好的品德和坚强的意志，这些精神方面的优势是在日常生活中培养出来的。仅有好的学习成绩并不能立足于社会，如果一个人没有很好的抗挫能力，那么好的学习成绩也难以发挥应有的作用。这些绝不是考高分就能够实现的，必须通过生活的其他方面来实现。

问：您是从什么时候开始考虑送孩子出国的？当时您是怎么考虑的？过程如何？

智博在 16 岁那年，也就是高一暑假时就去美国留学了。送他出国，我主要是出于以下三方面的考虑。

第一，我觉得出国留学更能学到真本领。 我国的大批专家、人才，如邓稼先、钱学森等，都是在出国留学后取得了很好的成绩，然后回来报效祖国的。他们为国家、为民族做出了很大贡献，一直是我的榜样。由于某些原因，我的书没有读完，没有很好的文化素养，因此我特别希望孩子能够出国留学，学到更好的知识，掌握更多的本领，为国家更强盛做出自己的贡献。

第二，在国外学习更多的不是凭关系，而是凭个人的努力和才智。 1995 年，我到香港工作、生活、学习后，对此有了非常深刻的认识。因此，我在 1998 年初开始酝酿让智博出国留学的事情，我觉得孩子出国能够得到更多的锻炼，这是我的出发点。

第三，当时我们家发生了变故。 送孩子出国可以让他有更好的环境，而且出国后他在完全陌生的环境中也能加强与我的沟通，使我们的父子关系更加和谐。在国内时，我和他说话时，他大概只能听进去一半；但到了国外、在完全陌生的环境里，他再听到来自家人的话语就会感到很亲切，会对家人非常信任。这也是我的一点私心。

1998 年夏季，智博出国留学，当时他 16 岁。我觉得他已经能够把中华文化的血脉传承到自己身上了，到哪里去都能代表一个堂堂正正的中国人。比如，中国人讲究孝道，百善孝为先，对于这一点，智博就做得很好，他甚至会把参加比赛所获得的毛巾、奶粉等奖品，都留给我以及他的爷爷奶奶。再如，智博还很节俭，他要是想吃冰棍，就会跟奶奶说买最便宜的，只要吃起来能让自己感觉凉爽就行。另外，还有很重要的一点，那时他的爷爷奶奶已经培养了他良好的生活习惯。他在住校期间，周日上学之前他都会把要带走的衣服洗得干干净净，叠得整整齐齐。除此之外，体育运动锻炼了他坚强的毅力，这也让我比较放心。比如，我看到过他在学校参加 1500 米长跑比赛时有多努力。他在踢球时被人撞倒，导致胳膊脱臼，但是伤好以后他毫不犹豫地重返球场，依然奋力拼搏，并没有因为曾经受过伤而畏首畏尾。他的爷爷奶奶也总是教育他，在体育比赛中要胜不骄、败不馁，体育精神比结果和奖品更重要，他自己也做得很好。这一点让我非常放心，尤其是我还知道美国是一个重视体育的国家。

当然，一定也有人会问，孩子这么小就出国，父母会不会担心孩子的安危？说不担心那是假的，但既然认定了让孩子走这条路，父母就要放宽心，多着眼于孩子的未来发展。

问：智博在海外求学的过程中，您如何与他沟通，如何激励和引导他？

当时与孩子沟通的方式，主要是打越洋电话。1998 年我在中国香港，往美国打电话的通话费是 1 分钟 2.99 元港币，折合成人民币大概是四五元。我当时是每周打 1 次越洋电话，每次 90 分钟，算下来每月需要 1000 多元钱。那时我的工资大概是 8000 多元，还要省吃俭用买房，电话费的开销真是不小。不过，我认为，为孩子一定要舍得花钱，就算钱不是很宽裕也一定要想办法省出来。那时，我每周都会从深圳带一箱裸面回香港吃，裸面就是那种没有包装袋、没有调料包的纯面饼。父母可以苦自己，但不能苦孩子，该花在孩子身上的钱一定不能省。如果没有这种越洋通话，我就无法了解孩子的状况，更没办法给予他指导和引导。

孩子小的时候主要是听父母的指导，上大学后凡事都可以与父母平等协商。孩子没有太多的社会阅历，因此我要多花些时间与精力去了解他、启发他、帮助他，这是必不可少的。不能因为孩子已成年，父母就完全放任不管，那是不负责任的表现。举个例子，他到美国后，我从照片中看到他把头发染成了黄色，用他的话说是"为了好玩儿"。当时我与他在美国的"父亲"瑞克一起商量，都认为智博应该把头发染回黑色，把精力放在学习、体育、劳动上，智博也听从了我们的建议，不再追求这些外在的修饰。说起孩子这个在美国的"父亲"瑞克，他是美国中学为了让孩子体会到家庭的温暖而特意安排的一个寄宿家庭的家长。他还是一名参加过越南战争的老兵，中国曾抗美援越，没想到这位越战老兵竟然成了我孩子的美国"父亲"，命运的安排着实让人捉摸不透。

除了对孩子生活方面关怀备至，父母还应该多多关注孩子的学习，毕竟孩子出国是为了留学的。智博出国留学时才16岁，到了美国上高三。因为国内的数学教学进度要比美国快很多，他还成了数学辅导员，这让我非常放心。不过，这并不意味着我可以撒手不管了。可能很多父母会问，孩子在国外学习用的都是英文，而父母的英文水平并不能胜任指导孩子的学习，这该怎么办呢？我认为，父母如果真的关心孩子的成绩，就应该想办法借助外力帮助孩子。举两个例子。一个例子是，我要求孩子将学习状况做成一份学习报告，并拿给我的同事郭兵伟博士审阅，郭博士非常严肃地指出：报告中大概有半页纸的内容是引用他人文章且没有注明出处，严格来说属于剽窃，将来有可能成为学术污点。我把这些及时反馈给孩子，他很快改正了，并明白了知识产权的重要性。第二个例子是，我将孩子的作业拿给一个副教授同事审阅，他指出孩子的逻辑性和简洁性都有待加强。我将此转达给儿子，他后来在这方面确实强化了很多。关于以上的指导与交流，我们都是通过电子邮件完成的。

除了线上交流之外，我还每隔一年半去美国看望孩子一次。由于我平时的工作比较忙，只能趁假期去美国。1998年，节假日期间飞往美国的航班机票票价高达一万元人民币，但是为了孩子，这些投入是必不可少的。当面交流、讨论、商量的效果，当然是电话、电子邮件无法相比的。2011年暑假，我到美国与他一起商量他从东俄勒冈大学转学到密歇根州立大学的路程，最后规划了这样一条线路：他和同学两人轮流开车从美国西部的高速公路到亚利桑那州，去见他的一个朋友，之后坐长途大巴到休斯敦参观美国航天中心，再坐飞机到底特律，最后坐公共汽车去密歇根。这一路虽然坎坷不断，但对他的人生而言是大有裨益的。

我的观点是：留学期间，千万不要把孩子变成只在学校里纯粹念书的学生，更重要的是融入当地社会，这样才能让留学效益最大化。仅仅知道那些课堂上、书本上的知识，还不算真正意义上的留学，父母要放心大胆地让孩子去闯、去做。不过，放心大胆并不意味着撒手不管，而是要随时联络。如果把孩子比作风筝，那么父母的手中就要有一根线。这根线是什么？是电话，是电子邮件，如今还有微信。一定要与孩子随时保持联络，既不能撒手不管，也不能事事牵制。牵线的人既要胆大又要心细，这样风筝才能越飞越高。

问：您在他人生的哪些关键点上做出了正确的决策？

我觉得培养孩子并不存在什么灵丹妙药，尽管如今智博已经从哈佛大学毕业，并成功登顶珠峰，但这完全是他一步一步走出来的。在这个过程中，我做得最正确的决策是给孩子引导和支持。比如，他在上小学时，我告诉他不要做分数的奴隶，人的拼搏向上的精神、团队意识、体育精神是课本知识无法取代的。当乌拉圭足球队和中国足球队在成都比赛时，票价每张100元，按照当时的物价可以买几十斤猪肉。可是我觉得要让他扩大视野、增长见识，这钱必须舍得花。此外，我还会陪他踢足球，尽管我已逐渐年迈，但我觉得陪孩子玩能增进父子感情，就一直坚持这么做。家庭对体育运动重视，孩子在耳濡目染后自然也会重视，**言传身教的效果当然比一味地灌输要好**。

智博10岁时，我带他到河北老家寻根问祖。在他十一二岁时，我带他去北京他的太爷爷、太奶奶安葬的地方拜祭。我认为，人绝不能忘根。即使他再优秀，考试能考100分，在家里集所有宠爱于一身，长幼尊卑次序也还是要遵守——要孝敬老人、尊敬长辈，不能忘乎所以。这种家风在我们家至今仍在传承和发扬。

我对孩子的重大支持是留学，包括留学的决策和留学的费用。当年他出国时要交9000美元，折合成人民币是好几万元，我们当时可以说是砸锅卖铁也得把这笔钱凑齐。我认为，只要认准了一条路，就得坚定地走下去。

出国后，他先在东俄勒冈州读高中，之后上大学时他的导师给他出主意，让他就近转学，我也表示坚决支持。因为美国的普通大学和常春藤大学前两年所学习的课程是一样的，就近读大学可以省去一大笔开支，对孩子而言也更容易适应。在东俄勒冈大学就读两年后，他自己想办法联络上密歇根州立大学，转学去那里读大三、大四。

我对他的第二个支持，是他本科毕业工作了三年之后要考哈佛大学硕士。哈佛大学对 GMAT 考试的分数要求是 700 分，他考了三次终于过线。中间他一度想要放弃，我告诉他，只要尽己所能后不后悔，他就可以有自己的决定。最后他还是咬牙坚持下来了，用他的话说，就是"把自己放进炼丹炉"，只有经过高温淬炼才能明白成功的可贵。

再之后，他写自传、找人推荐、参加哈佛商学院论文答辩，完成这些之后他开始面试。在这个过程中，我给予他的更多的是精神上的支持。另外，我还一再督促他要写回忆录。他在大学时写了"留学美国三部曲"。他本科毕业后去戴尔公司工作，先后担任过高级计划师、北美物流经理、国际采购部经理，他把在戴尔公司的工作经历也写成了一本回忆录，而这恰恰是他有别于其他报考哈佛商学院的学生的一个优势。不过，最初督促他写回忆录这件事的，并不是他为了考哈佛大学而做的准备，而是随时提醒他充分利用好一切机会，不断复盘总结与自我提升。

问：作为父亲，您如何通过不断奋斗来为自己的孩子做出榜样？

我觉得在亲子之间，尤其是在父子关系中，孩子就是父亲的影子。这个影子绝对不是指父亲有什么职务、职称，或是从事什么行业，也并不意味着孩子一定要因循父亲的道路，而是指父亲的精神与做人的态度对孩子具有潜移默化的作用。也就是说，你是什么样子，孩子就有可能是什么样子。比如，我在四十几岁时独闯中国香港，智博在独闯美国时也不畏艰难险阻；我荣获"优秀教师"的称号，智博也能提高对自己的要求；我生活简朴，经常穿旧衣服，智博花钱也不会大手大脚。

我认为，父母一定要努力，树立正确的人生观和良好的生活态度，这样子女才能跟在父母的后面一步一步地往前走。一旦孩子翅膀硬了，父母就可以支持孩子闯荡天下。温室里只能开出鲜花，是长不了松树的。智博现在能够冒着生命危险攀登珠峰，凭借的是他的强健体魄、智慧，以及掌握使用那些先进仪器装备的技能，这些都是他一步一步走出来的。我希望父母不要把孩子看作自己的私有财产，而要把他看作社会的一分子，是为社会做贡献的。

第二项修炼案例：
给予孩子无条件的爱

邹翃燕的故事：我是如何用 29 年把脑瘫儿子送进哈佛大学的

我给孩子起名叫丁丁（Dīng Zhēng），源于《诗经》中的"鸟鸣嘤嘤，伐木丁丁（zhēng zhēng）"。"丁丁"是形容成材的树木被锯倒时发出的巨大响声。我的儿子在出生时没有哭声，我希望他将来离开的时候，多少能给这世界留下点动静。不过，很多人都不知道这是一个多音字，我们也就不一一解释了，于是就成了丁丁（Dīng Dīng），动静小点，好歹也是个动静。

——邹翃燕

从某种意义上说，我和儿子应该都是不幸的。本来好好的一个孩子，从我怀孕到他出生本来一切都是顺利的，但由于医疗事故，导致孩子宫内窒息，在出生时颅内出血，落地后没有任何声音，抢救后被诊断为重度脑瘫。孩子出生后，在医院里两个鼻孔都插着管子，一个鼻饲管，一个输氧管。医生劝我说："你还年轻，还可以再生一个健康宝宝。"言外之意，是劝我放弃这个孩子，但是我不同意！我要全力抢救和培养我的儿子，因为我是他的母亲。相信大家都能理解，做母亲的是非常舍不得自己的孩子的，于是我坚决留下了他。做了这个决定后，我就开始紧张，特别害怕。我想，如果孩子仅仅只是瘫痪，那么让他学一项技能，将来他或许还能养活自己，还能自立地生存下去，可万一他是痴呆可怎么办呢？

我曾在武汉的某所师范学校教书。我在怀孕期间，买了很多书和胎教音乐光盘，学了很多东西。因为我是学中文的，能够认识到语言对孩子智力开发的意义，因此，从我接触孩子的第一时间起就不停地跟他说话，无论做什么事情都边做边和他说话。我家的房梁上挂满了彩色的气球，我还给他买了很多能够发出声响的彩色玩具，训练他的听力、视力和观察力。

在孩子三个多月大时，我发现尽管我还不能把他竖着抱起来，但他的眼睛特别亮，而且很灵动，这让我感到非常欣慰。到了七个月大时，他竟然能随着我的手指去找颜色，这让我非常惊讶，也让我判断我的孩子智力是正常的。而且，更神奇的是，他从那时起就开始说话了，只是有点口齿不清。我原以为是舌系带牵绊导致的，剪开之后他说话还是不太清楚，这时我才意识到那不是生理问题，而是运动神经对语言的影响。虽然儿子发音不清，但说话还是比一般的孩子早很多，我就更认定了他的智力没有问题。

不过，我仍然担心他智力发育迟缓。因此，从小我就带他去看智力专科。直到他一岁九个多月，医生给他做了心理评估，并明确告诉我，这个孩子智力没问题，这时我心里的石头才落了地。

尽管如此，他运动神经受损的表现还是非常明显的，比如，流口水、不能抬头、手指无力。俗话说"七坐八爬"，正常的孩子七个月就能坐、八个月就能爬，可我的孩子"七不能坐、八不能爬"，动作无法协调。虽然我感到很难过，但我并没有放弃。我遵照医嘱，在孩子三岁之前靠药物治疗，三岁之后就到中医医院给他做按摩治疗。幸运的是，中医院有一位文教授，医术高超。如果没有他，那么我真的很难想象孩子长大后会是什么样子。做按摩治疗时很疼，孩子难免大哭大叫，这不仅会让按摩师受影响，还会影响按摩的效果。我就跟孩子说，既然哭解决不了任何问题，那就得忍。孩子很听话，实在忍无可忍就哼几声，但不会大哭大叫了。他应该是那些接受治疗的孩子中表现最好的一个。康复训练每周三次，我们坚持了三年多。在孩子六岁多时，我就跟医生学习按摩手法，尝试在家里给孩子按摩，外加一些其他肢体训练。有一次，冬天下雪路滑，我们在去做按摩的路上双双滑倒，好半天都爬不起来，那时真的很难。

孩子上学后，没有我在身边，他遇到的困难就更大更多了。不过，我从一开始就一直坚持让孩子接受正常的教育，一是不想让他掉队，二是担心与别的孩子不一样会对他造成不良影响。就这样，尽管艰难，但儿子还是一直是跟同龄孩子一起上学的。

在儿子上幼儿园时，我特别希望他不仅能跟上同龄孩子的步伐，还能在某些方面有出色的表现。我还是从个人专业的角度出发，训练他的语言表达能力。我着重训练他的复述能力，比如用了一周的时间他就可以清晰、完整地复述天气预报了。接下来是练习复述新闻联播,从最初能记住一条、两条,慢慢地记住三四条,后来能解释清楚某些战争的原因,最后他还养成了每天准时收看新闻联播的习惯。当他和成年人谈起新闻联播时,大家都非常诧异:这么小的孩子竟然能讲得头头是道。我很欣慰,觉得这个方法很好地锻炼了他的记忆力和表达力。渐渐地,他开始不再因身体缺陷而自卑,而是变得越来越开朗了。

1995年夏天,我们学校组织教师去桂林旅游。在旅游大巴上,别的孩子表演了唱歌,轮到他时他说:"我不会唱歌,我给大家讲个故事吧。"当时全国宣传孔繁森的活动开展得如火如荼,他就讲了孔繁森的故事:他先是介绍了孔繁森是谁,又讲了好几个关于孔繁森的小故事,最后总结"全国人民都要以孔繁森为榜样"。听他讲完,车上的一位口语老师给出了高度评价,说这个七岁孩子讲得有头有尾,详略得当,首尾呼应,比她班上的小学生都讲得好。儿子因此自信心大增。

1996年,八岁的丁丁偶然从电脑游戏《大富翁》中知道了有个东西叫"股票",然后开始每天关注报纸上的股市行情,还跟着姑妈学炒股。他经常和我那些炒股的同事讨论股票的涨跌,说股市有风险,应该买哪只股……让人忍俊不禁。

1997年,亚洲爆发金融风暴,有个学生送给我一本金融数据相关的书。九岁的丁丁把这本书完整地看了好几遍,还记住了很多数据,以及金融风暴的起因、发展过程。当他和大人讨论这件事情时,大家都感到非常震惊。

随着他在同龄圈子里越来越有名气,有很多孩子开始羡慕他。我没有就此止步，反而开始更加重视培养他的意志、品质。有一次，我到省里做讲座，将丁丁留在武昌一个客流量很大的公交车站，给他买了四份报纸、一瓶水和一个橘子，然后告诉他："儿子，妈妈要离开两个小时，你试试能不能用这两个小时把这四份报纸卖出去。"等我回来时，发现他手上还留有一份报纸，就询问他卖报纸的全过程。孩子告诉我，曾有一位叔叔吼他说不买，曾有一位擦皮鞋的阿姨帮忙推销，还有一名中学生买了他的报纸，但最后一份实在没能卖出去。听着儿子讲他在人海车流中穿梭卖报纸的经过，我心疼不已。我先是表扬了他的胆量，然后耐心地跟他算账："儿子你看，你卖一份报纸赚两毛钱，你花了两个小时，喝了一瓶水，吃了一个水果，还有一份报纸砸手里了。你算算自己赚钱了吗？你付出的劳动与收获成比例吗？"这件事给了他很大触动，并被他多次写进作文里。由于有真实的经历，而且有真情实感，因此他的作文获得了老师的肯定。通过这次卖报纸的经历，他体会到挣钱不易，懂得体谅母亲的辛苦，学会了勤俭节约，之后还一直保持着艰苦朴素的生活作风。例如，他上大学后还执意使用我的旧手机，读研时跑很远去一家便宜的餐厅就餐，留学时还因省吃俭用而日渐消瘦……他的懂事让我这个做母亲的既心疼又骄傲。

对于孩子的教育，我有几点经验可以拿来分享。

第一是要立规矩。我的儿子小时候握笔有困难，写字慢，又喜欢磨蹭，所以作业写得很慢。我就要求他必须在晚上八点半之前完成作业，到时间必须停笔，不管有没有写完。在上小学二年级时，他因为磨蹭没写完作业，一到时间我就提醒他停笔去睡觉，结果他半夜又爬起来偷偷写，这样来回两三次，我非常生气。我告诉他："孩子，不是妈妈不让你学习，而是在原本可以完成作业的时间内你不抓紧时间，这样就会耽误睡眠，也会影响第二天的学习。"孩子很难过，唯恐被老师批评。我说："即使你会遭到老师的批评、惩罚，但这也是你该承受的，因为这是你自己导致的，不是妈妈导致的。"虽然孩子当时非常不理解，但的确给他留下了很深刻的印象。从此他放学一回家就会先完成作业，不再拖延了。

因此，我觉得立规矩很重要。孩子很小，我们可以一点点地立规矩，一次立一条规矩，养成习惯之后，再立下一条规矩。我现在讲礼仪课，我在讲课时常说礼仪就是无数个好习惯的叠加。一个人如果有很多好习惯，叠加起来，他就是一个有礼仪的人、一个有素质的人、一个优秀的人。

第二是要注意引导。引导是引领，是导向，不是手把手地教。我的儿子在采访中说我是他的导师，让我感到很欣慰。身为家长，我觉得我更多的是扮演一个陪伴者、引导者的角色。上学时，当他问我字词读音以及如何组词造句时，我一概说不会，但我从他上小学第一天起就教他查字典；他问我某篇作文该怎么写，我会教他什么是好作文，怎么去写作文；他让我帮他出试卷，我告诉他如何通过模仿现有的试卷出一份新试卷。在他求学的过程中，我从来没有因为他考分低或考失误了而打骂过他，但我会严格要求他总结原因，避免下次再犯同样的错误。在他每年生日那天，我都会带他去书店待上半天，临走时允许他按照自己的意愿买100元钱的书。从他小时候起我就告诉他，考试不能作弊，知之为知之，不知为不知，所以他从小勤学好问，总是刨根问底。对知识的求索、对人生的探索，不都是源于这种刨根问底吗？

丁丁上北京大学、上哈佛大学并不是我此生最得意之事，29年来，儿子和我交流得非常顺畅才让我骄傲。无论他有什么快乐和困难，都会第一时间告诉我，他觉得母亲值得信任。很多父母在孩子小的时候，只关心他的吃穿；待孩子慢慢长大后，有了自己的思想、兴趣爱好和生活方式，父母除了关心孩子吃饱穿暖，就只关注孩子的成绩、排名。这就是一种错误的引导，会让孩子产生一种"父母只关心我的分数"的错觉，久而久之，孩子就会觉得"我就是为你而学习，为你的面子而学习"。

第三是要成为孩子的问题解决者。这一点很重要。从儿子上幼儿园开始，我就努力地跟他的老师做朋友。如果说我有哪些比别的父母做得好的地方，我觉得可能是，我在丁丁上学的每个阶段都会提前准备。在孩子成长的过程中，我一直在为他保驾护航。

上中学时，他的情绪出现了很大的反复，很想退学，我向他的老师和同学了解了他想要退学的原因，并为他做了思想工作，最后才打消了他退学的念头。高三时，老师布置的作业特别多，孩子总是做不完，几乎每天都要熬夜。我觉得熬夜不能提高学习效率，反而会影响第二天上课的学习效果，因此强烈反对。然而，孩子说英语老师非常严厉，执意要写完再睡，于是我对孩子说："你安心去睡觉，我帮你解决这个问题。"第二天，我到学校找他的英语老师，以培养孩子良好的作息、保证上课认真听讲为由，动之以情，晓之以理，老师最后同意了我的观点。因此，我的儿子就能从小学到大学都不熬夜，基本上也没有因为作业未完成而被罚过。我觉得关于这一点，诸位父母可以借鉴一下。

第四是要爱孩子、尊重孩子。这一点也很重要。我在培养孩子的过程中，从来没有把读名校的观点强加于他，始终将爱孩子放在第一位。有时，我甚至把他往与上名校相反的方向拉。丁丁在上初中时的成绩还是不错的，中考时，他特别想考一所市重点中学。不过，那所学校离家比较远，并且竞争也很激烈，我认为并不适合他。我建议他考离家很近的一所高中，但是他不愿意。我问他："如果考不上重点中学怎么办？"他当时心高气傲，拍着胸脯说："长江又没有盖子！"我知道，我不能跟他硬碰硬，便想了一个办法——跟他一起玩个游戏。每人拿一张白纸，一边写重点中学的好处，一边写邻近中学的好处，看看谁写得多，并且按照写的条数打分。我们经比较后发现，还是邻近中学的好处多多，于是丁丁不得不服气地选择了"就近入学"。事实证明，这种中学的节奏很适合他，并且离家近，大大方便了他上下学。这算是一则我从爱出发，与孩子"斗智斗勇"的小故事吧。

我最初没敢想丁丁能去哈佛大学读书，哈佛大学这个梦想也是一个不断植入的过程。在我得知孩子重度脑瘫后，我一直祈祷孩子能够自理自立，能够过正常人的生活，这样就已经很好了。然而，随着孩子一步步成长，我发现他的成绩很好，一路领先，后来上了北京大学。这一路走来，人的期望是会逐步提升的。

在北京大学毕业典礼上，荣丽亚教授建议他申请哈佛大学。不过，当时儿子没有这样的勇气。另外，他也想早点帮我分担经济压力，所以去了网易公司工作。他在上班期间工作很忙，周末休息时他又会觉得无所事事。于是，我想起荣教授的提议，便建议他申请哈佛大学。他申请免试入哈佛大学就读，再加上老师的推荐，他真的被哈佛大学录取了。

和儿子一路走来，我感慨万千。如果说孩子是一辆火车，那么我这个母亲就是一名铺路工。我把铁轨铺好，把他扶上铁轨，他就能自已沿着轨道前行。至于向哪个方向行进，行进多远，我不敢奢望，我所能做的只是为他保驾护航，静待他开往春天，看见花开。

孙玉红校长听过我的讲述，对我的评价是："邹妈妈用普通家长两倍的努力，先将一个特殊的孩子培养成一个正常的孩子，又将一个正常的孩子培养成一个卓越的孩子。"我想，当儿子默然坠地之时，我绝对不会想到，这样一个重度脑瘫小儿，长大后竟然可以上北京大学、读哈佛大学。对于一个低起点的人，当他在自己的人生道路上一步步向前、向上的时候，他才可能会有更高远的目标。

何江的故事：从湖南农村到哈佛大学毕业典礼演讲台

从湖南省长沙市宁乡市的小乡村，到县城，到首都，到海外，我的人生就是一个视野不断开阔、环境不断改善、平台不断拓宽的过程，也是一个靠自己的双脚一步一步走出属于自己的天空的过程。用哈佛商学院经济学家尼尔·福克森的话说就是，我从中国一个贫穷落后的小乡村走到美国波士顿这个科技高度发达的城市，这个历程堪称"快进版的工业革命"。于是，在他的启发下，我将个人的成长史写成了一本书——《走出自己的天空》。

在那本书中，除了我的人生经历和家庭环境，我还有意加入了更大的视角，因为我意识到，个人"小我"的成长史，极可能是中国社会这个"大我"的变迁史的一个缩影。能有这样的思考，我认为这与我留学美国，身处中西文化交流、交锋之中密不可分。

——何江

◎ 何江在哈佛大学毕业典礼上演讲。
该图片由何江提供,思睿拍摄。

我出生在湖南的一个小乡村,从小学到初中都在乡村学校读书。条件很艰苦,教育资源贫乏。考上高中后我才第一次走出乡村到县城读书,对我而言,世界一下子变得不同了,既新鲜又充满挑战。我在高考填报志愿时选择了中国科技大学生物学专业。后来又去哈佛大学硕博连读,在庄小威实验室(庄小威在2006年被聘为哈佛大学化学和物理双学科正教授,并在哈佛大学建立了以自己名字命名的单分子生物物理实验室)研究生物物理和生物化学。接着去了麻省理工学院。现在从事生物工程和生物技术的研究,具体来说就是用人造微型肝脏来检测和治疗肝脏疾病。对我而言,也算是做到了不忘初心、矢志不渝。

◉ 我的家庭教育

穷人的孩子早当家。贫困的家庭环境造就了我独立自主的能力，以及独立思考的精神。我能走到今天，父母对我的影响至关重要。

我的父母都是中国最朴实的农民，父亲在高中读了一段时间，母亲小学都没读完，他们没有接受过任何先进的教育方法与理念，不像现在有些孩子的父母可以在学习上辅导孩子，或是帮助孩子报各种兴趣班、培训班，他们所能做的就是在智慧层面上引导我。他们帮我剔除了一些不适宜读的"坏书"，剩下的好书他们则不加限制，并大力鼓励我阅读。那时，我的母亲总是心甘情愿地做我的听众，听我朗诵课文、朗诵自己的作文，无形中给了我很大的鼓励。她还经常问我在学校里发生的事情，久而久之，我养成了留心观察、勤于记笔记的习惯，这归因于我习惯把自己的所见所闻、所思所想讲给别人听。父母对孩子的影响是一个长期的过程，有些可能在一开始时意识不到，但经孩子耳濡目染后就能日益突显。

我在五六岁时就跟着父母下地干活，插秧、除草、收割、脱穗等活我都做过。在40℃高温、湿热的南方水田中，小孩站在田里只比水稻高一头，弯腰下去水稻田密不透风，很容易中暑。我平均一两周就要下地一次。在这个过程中，父亲不断激励我："种田就是农民的安身立命之本，所以我们要能吃苦，在吃苦中磨炼自己。要是能经受住这样的考验，那么也能在其他事情上经受住考验。"后来，我能坐得住并执着、坚定地做事情，与父亲的勉励是分不开的。因此，**我特别想对家庭条件优渥的父母说，如果在孩子年幼时让他们经历一些挫折，或是适当地给他们犯错的机会，那么一旦孩子走出坎坷，日后再遇到什么困难也能驾轻就熟地面对了。**

除了勉励我要吃苦,父亲教给我最重要的一点是,要敢想。在农村,如果孩子的学习成绩一般或者有很多坏习惯,父母通常就会习惯性放弃,不再对他抱有任何过高的期待。不过,我的父亲非常坚定地认为,只要肯努力,即使出身贫寒,他也可以将孩子送出去。他常说:"把犁田的这股劲儿使出来,你就能走出去。只要坚定这个信念,接下来下苦力去做就行了。"如今我回头来看,我之所以没有被贫穷限制想象力,是因为父亲敢想。只要敢想,人就能去任何地方。

母亲对我的影响,更多的是润物细无声的感染力,尤其是坚韧的品质。我的家庭是典型的严父慈母,母亲对我们一向较为宽容,但这种宽容并非没有要求。我自幼学习都有母亲默默的陪伴,她给我讲了很多传统美德故事,还鼓励我挑战一些大龄孩子能做的事情。这对我性格的养成影响很大。

孙玉红校长曾问过我一个问题:"如果给你第二次选择,让你选择自己的出身,比如父母都是大学教授,甚至是法学、商学、医学等方面的教授,那么你还会选择现在的家庭出身吗?"

我毫不犹豫地回答:"会。"因为现在回过头来看,虽然我的人生经历了很多艰辛,但父母教会了我如何在艰难困苦之中苦中作乐,如何靠自己走出一片天空。如果将我放在一马平川的顺境之中,放在优越的成长环境之中,今天你所看到的很可能就不再是眼前的何江了。我的种种生活经历,南方稻田里那些我曾闻到的花草清香,田埂乡野中我曾遇过的昆虫鸟兽,它们都参与了我人生画像的描摹。

● 关于输在起跑线上

关于家庭教育,父母都唯恐孩子输在起跑线上。就我的情况而言，可以说是输在了起跑线上，而且比别人差了好大一截。不过，我认为，输在起跑线上，并不意味着你不能追上别人，也不意味着你可以放弃比赛。人生本来就是一场马拉松，跑到最后才是真正的赢家。

要想追赶别人，就要进行纵向而非横向的比较。不要时时刻刻都跟别人比，重要的是不断调整自己的定位，做更长远的打算。父母总拿别人家的孩子来"鸡娃"，这是横向比较，比来比去只会让孩子受到打击，有很多孩子的求知的内驱力就这样被横向比较扼杀了；纵向比较则是让孩子与他自己的过去相比，比如，孩子在这周比上周多学到了什么，在今年比去年取得了哪些进步、还有哪些不足，这样孩子看到的是进步以及更清晰的努力目标，并能意识到自己需要不断成长，从而越来越自信。

我属于对自我要求较高的人，但我只跟自己的过去对比。我还会不断挑战自己的极限，当达到自我满意的程度时，我就会停下来，绝不会自我苛求。

我一直坚持自己的节奏，从小到大没上过补习班，从不熬夜学习。我对自己的要求与哈佛大学的理念很类似，就是"work hard, play hard"，意思是学习时高效率，玩耍时完全放松。这种状态其实对时间观念有很高的要求。在生活中培养这种习惯，就能推及学习和事业，整个人生就可以这样一步一步地往前迈进了。

◐ 我的成长体会

如今想来，我这一路艰辛地走来，一步又一步，环环相扣，如果中间任何一环出了差错，可能就不是今天的样子了。因此，我既感到非常庆幸，又难免带着一丝后怕。回顾过去，我认为人生就是不断探索更大世界、不断调整自身定位的过程。在这个过程中，有两点我感受很深。

第一，面对新环境要永葆好奇心。人在舒适区待久了，难免会有惯性思维，跳不出固有的圈子，去探索新世界的兴趣也会降低。举个最简单的例子，从中科大到哈佛大学，我从偏理工科的背景跳到了文理并重的学校，一下子接触了那么多的资源。如果按照固有的思维，我就会认为，这些资源大多与我无关，我只要把自己的领域研究明白就足够了。不过，我并没有这样做。当我看到好的机会、好的资源时，我特别愿意去尝试、去探索，对于不懂的方面就博览群书，而且常去哈佛商学院听关于经济与商业的讲座，拓展专业以外的知识，还接触到了各行各业的精英。

第二，要对自己有明确的定位。我发现，在哈佛大学和麻省理工学院的那些优秀的人身上，存在一个很明显的共通之处——他们很早就对自身有了明确的定位。高中时，我认识到自己属于那种能够沉下心来进行独立思考的人。渐渐地，我在不同的环境中都会重新认识自己，不断调整个人定位，一步一步地坚持走了下去。很多事情因为我的执着而逐渐向好，我也不断地走得更高更远。

哈佛大学毕业典礼演讲

比起写书以及我励志的人生经历，可能我更为大众所熟知的是2016年我在哈佛大学毕业典礼上的演讲——按照媒体的报道，我是首位登上哈佛大学毕业典礼讲台演讲的中国学子。

这个机会其实是我自己争取来的。在美国，毕业典礼意义重大。从小学到中学到大学，再到硕士、博士毕业，美国人对所有的毕业典礼都很看重。像哈佛大学这样历史悠久的世界名校，毕业典礼的仪式感更强。毕业前夕，所有的毕业生都会收到学校的一封邮件，邮件会询问收件人是否愿意申请成为毕业典礼的学生代表。看到邮件后，我下意识地就关掉了：往年基本上都是外国人，且文科、社科类的偏多，而我一个搞科研的中国学生，应该与此无缘了吧。

收到邮件约一个月后，在一个偶然的机会，我与戴安娜·埃克（Diana Eck）老师共进晚餐，无意中聊到了毕业典礼。

她对我科研方面很了解，也了解我在这方面的一些思考，就问我："你为什么不去毕业典礼的平台上分享一下自己的观点呢？"

我当时感觉突然被触动、点拨了一下，但还是表达了自己的怀疑："您认为我有可能会在这次竞选中胜出吗？我是否值得被选为学生代表呢？"

戴安娜老师斩钉截铁地说："每个毕业生都有这样的机会，你为什么觉得你不行？"

于是，我抱着尝试的态度开始了毕业典礼学生代表的申请与竞选程序。这个程序极为严苛。一共有三轮筛选：第一轮，递交个人学习、科研材料和演讲初稿；第二轮，从十名入选者中挑选四至五人，每人拿着演讲稿念稿；第三轮，从四至五人中选出一人，全部要求脱稿模拟演讲。

我顺利通过了前两轮。到第三轮，由于我们几个人的演讲稿都很优秀，胜负就取决于脱稿演讲的能力了。机缘巧合的是，我认识肯尼迪政府学院培训领导者演讲能力的导师，便问她能否教我一些脱稿演讲的技能，她居然无偿对我进行了培训。在终极比赛中，我竟然因过于紧张而忘词了，愣在那儿十几秒，后来总算坚持到底了。当时我内心非常失落，认为自己已经完全被淘汰出局。然而，始料未及的是，两天之后我收到邮件，通知我被选上了。我一再确认，一颗悬着的心终于落地了。

2016年5月26日，我如愿站在了哈佛大学毕业典礼的舞台上，作为毕业生代表发表演讲。我讲了自己幼时被蜘蛛咬伤后母亲用土方救治我的故事，在哈佛大学学到的知识对我思维的改变，以及科技进步与创新对农村、对世界医疗卫生条件的改善。我呼吁广大哈佛大学学子敢于拥有梦想，敢于改变世界。[①]

这就是我在哈佛大学演讲的全过程。从最开始的完全自我否定，到认为或许值得一试，到积极寻找外援，再到最后作为毕业生代表站在讲台上慷慨陈词——这个过程也是我重新认识自己的过程。

演讲之后，美国的相关媒体对此报道并不多，我也并没有受到很多干扰，而是仍将所有的时间和精力放在科研方面。我认为，毕业典礼演讲只是对于学生时代的总结，并不意味着什么。要想证明自己在行业中表现出色，还需要更多的努力、突破和进展。

我的故事能在国内备受关注，让我很吃惊。他们大多把我的经历当作一个励志故事，激励年轻的学生努力学习。我也很愿意配合采访和参加一些活动，包括参加问校友的活动，做问校友美国夏令营的导师，以激励学弟学妹们。

惊喜之余，我开始调整自己。我用了两个月的时间集中思考，重

---

① 如果你感兴趣，请上网搜索"何江哈佛大学毕业典礼演讲全文"，通读全稿。

新完成了自我定位。这一年是我快速成长的一年。然而,我并没有把自己当成公众人物,而只是一名科研工作者。对科研工作者最主要的评价,仍然是来自实打实的论文和科技成果。

在我看来,教育能够改变一个人的生活轨迹,能够把一个人从一个世界带到另一个不同的世界。我希望我的成长经历能给那些还在路上的农村学生一点鼓励,让他们看到坚持的希望。

兰伏的故事:如何把特殊的孩子培养成才

她先后毕业于北京大学和宾夕法尼亚大学沃顿商学院,前半生投身于纽约、香港和北京的管理咨询及金融业,后半生致力于家中两个特殊孩子的教育——她就是"精英主妇"兰伏。目前,她培养的两个特殊的孩子,一个就读于纽约大学帝势艺术学院表演系,另一个就读于哥伦比亚大学电影导演专业。

这两个特殊孩子,曾被学校认为不正常,在老师眼里是差生,被医生诊断为"双重特殊学习者"。是怎样的爱心、耐心、勇气和智慧,让兰伏花了10年时间将特殊的孩子培养成才的呢?我们来听听她本人的讲述。

我是醒狮书院的主笔"精英主妇"兰伏,毕业于北京大学国际经济系"状元班",之后在美国宾夕法尼亚大学沃顿商学院深造并取得MBA学位,在美国和中国香港地区做过多年的管理咨询和投资银行业务。过去10年,我开始转向追求个人最大的梦想以及写作和哲学思考,没想到这10年也正好是我的两个孩子遭遇极大挑战的时期。

有的孩子遭遇较严重的学习障碍，在学校里表现得很笨，被认为是"不正常的孩子"，其实很多这样的孩子具有极高的天赋，但这些天赋是父母和老师看不到的，因此问题在于社会，而不在于孩子。我的孩子就是这样的孩子。接下来，我希望利用我的亲身经历为大家在这个问题上提供一个完全不同的视角。

● 我的孩子不正常

从学前班开始，我的儿子艾伦就被老师认定为"不正常"。当时我们住在美国新泽西州，而艾伦在我家附近的一所蒙台梭利学校读书。入学半年后，校长约我面谈，含蓄地告诉我，他怀疑艾伦患有智力障碍，建议我尽快带孩子去看儿童心理医生。

校长给了我这样的理由：艾伦在上课时不能集中精力，基本不跟随讲课的过程；老师和他交谈，他从来不做反应，老师感觉他有沟通障碍，完全无法得知他学会了什么；老师建议完成的作业，比如给图画填色或是写字，艾伦都是随便涂画几笔，能力低于同龄人；他只对几何图形的积木感兴趣，拒绝其他教具，尤其是不碰任何运动项目。

我一直高度认可蒙台梭利的教育理念，现在校长却告诉我，我的小天使是一个智障儿童，需要看医生，对此我很震惊。我和我的先生都是书呆子，都毕业于常青藤大学，学生生涯顺风顺水，即使对其他方面的能力没有什么信心，对于受教育和读书还是有一定的自信的，在我们的生活中还没有"智力障碍"这个概念。艾伦是我一手养大的，我注意到他性格内向，在家里温和、有耐心，在公共场所却一言不发，将自己封闭起来。

我一直认为这些问题只是他在成长过程中出现的阶段性特点，从来没有觉得艾伦存在学习障碍，甚至还像其他任何一位母亲那样，认为自己的孩子有成为小天才的可能性。艾伦有着极其丰富的想象力，很早就会认字，对阅读有着无尽的兴趣和无穷的精力，他也是个玩乐高的能手，可以连续五六个小时拼装上千个零件，这需要很强的空间想象力。难道是我的理解出了什么偏差吗？

我们按照校方的要求带孩子去看了医生，唯一清晰的结论是，孩子的小肌肉运动技能不发达，因此像握笔写字、系鞋带这些小事对他来说做起来都很困难，这直接导致了他不喜欢写作业；他的大肌肉运动技能也有问题，因此他不喜欢体育运动。由于孩子当时不到四岁，因此医生反对让孩子接受正式的心理测试，他认为所有学习能力问题可能都是成长性的，我们需要耐心等待再下结论。然而，小肌肉运动技能不发达的问题却不容小觑。教育学与心理学认为，可以通过幼儿阶段的小肌肉运动技能预测孩子在小学阶段的阅读和数学成绩。难道这意味着艾伦未来的学习能力将持续低下吗？

我们慌作一团，只顾着与校方和医生沟通问题的根源和解决方案，忽视了孩子的反应。艾伦每天依旧欢喜地追着我跑，我们一起读书，一起玩耍。有一天，我们一起玩乐高积木，艾伦低着头，手里来回摆弄着一个方块，突然问："妈妈，你还喜欢我吗？"原来，他什么都明白，老师、父母看他的目光中一定充满了怀疑和忧虑，他看出了我们对他缺乏信心，我的心碎了一地。为了不让孩子稚嫩的翅膀受损，我们决定积极参与艾伦的教育，帮助他度过这个时期。

我耐心地和老师们逐一解释：孩子并不笨，只是需要慢慢成长。不过，我也明白，老师们既没有这样的专业知识，也没有足够的精力为艾伦设计一个特殊的教学过程。我们必须自己深入了解孩子的问题，创造性地找出解决的办法。母亲应该是最了解孩子的思维方式和性格特点的。我是一名视觉型的学习者，经过一些沟通讨论，艾伦的思路在我的脑海中被视觉化了，就像一个网络系统呈现在我面前，我可以形象地看到其结构与路径，因此我可以准确地指出他的思路在哪里卡了壳或者转错了弯。

借助母子间这种特殊的第六感，我找到了一些非常规但很有效的教学方法，可以先大大提高目前孩子最迫切需要提升的基本算术能力。结果，在短短的一个月内，艾伦学会了1~100的数字，并能理解简单的加减法。当班主任看到艾伦第一次写完100个数字时，激动得热泪盈眶，他对我说："艾伦妈妈，咱俩一起把这个要废了的孩子救回来了。"握着这位老师的手，我心里只有苦笑，因为我从不认为孩子是要废了，要废了的是不懂孩子的大人们。

我的策略有三个方面。

第一，家庭个性化教育。如果一个学习障碍者的问题是思维性的、系统性的，需要个性化的教学，父母就需要和孩子一起学习，彻底搞明白他的思维方式，然后基于他的思维特点再去找一个适合他的方法。比如，在教艾伦学习时，抽象的符号对他毫无意义，我就将其用视觉的方式表达出来，他很容易就明白了其中的逻辑。在语言表述上，如果我把孩子仅仅视作一个小孩，用幼稚的童言童语反复强调，他很快就会失去兴趣，满眼疲倦地忍受着我；当我改用接近成年人的语言方式教学，用准确简洁的语言表达时，艾伦很容易就听懂了，还和我展开了有趣的讨论。

第二，摒弃中外教条，采取任何可能的笨招。有些能力问题是身体的先天性发展问题，需要在孩子的成长过程中耐心等待，或者根本就无法解决。对此，我们就采用各种笨招，能解决多少是多少，解决不了就放弃，不追求完美。比如，孩子写字比较吃力，我们就用中国最古老的办法，每个字多写几遍，不求完美，只希望熟能生巧。再如，孩子不会系鞋带，我们就一直寻找粘扣式的运动鞋，只要暂时能解决问题，我们就不受任何中西方教条的限制。

第三，接受无法改变的障碍，不再勉强。比如，无论我们如何创造条件和鼓励他，艾伦就是无法享受到运动的乐趣。几年后，我们才明白原因，之后便不再逼迫孩子，而是顺其自然，让他心安理得地做唯一不踢球的男孩子。这个转变十分有效，大人和孩子的压力都大大减少了，艾伦作为一个中等偏上的学生，快乐、顺利地升入小学五年级。令人欣慰的是，随着年龄的增长，艾伦慢慢地打开了自己，他内心的故事与幽默感逐渐展现出来，与外界沟通已经不再是问题，在学校里也收获了友谊。

硬币的正反面：智力障碍与天赋

就在即将向初中过渡的五年级，我们遇到了新的挑战。

第一，孩子被确诊为学习障碍。在孩子上小学五年级时我们搬到了北京，艾伦在一所国际学校就读。开学两个月后，我被艾伦的老师像救护车鸣笛一样叫去了学校。这位老师是一个红发意大利女人，她语气急促、略带抱怨地讲述了她对艾伦的观察：孩子的理解力很好，但是课堂上不能集中精力，总是双眼望着天空发呆，总是要等很久才能动笔，这就导致他在做课堂作业和考试时经常不能按时完成任务，老师没有办法给出分数，而且艾伦在与人对话时反应有些延迟，老师怀疑他患有多动症，建议我们去医院确诊。

此时，艾伦已经足够成熟，可以接受正式的心理测试了。我们在北京找到一位美国的儿童心理医生，接受心理测试一个月后，我们拿到了测试报告，多年的谜团终于有了部分答案：原来，艾伦的智力组合很罕见，他属于双重特殊学习者，即他同时拥有学习障碍与特殊天赋，两者互相牵制，互相隐藏，导致他的学习成绩不稳定。在学业上，他的表现为有些方面表现优异，有些方面则很落后，在整体上他被限定为一名中等偏上的学生。

艾伦的学习障碍表现在三个方面，最大的问题是他的大脑在处理信息时极其低效。他接收、消化信息的速度慢于93%的人，医生认为他需要比常人多一倍的时间来完成同样的信息接受任务。此外，他的神经系统对外界信号的刺激反应也比较慢，比如，一个急速飞来的球已经来到了艾伦眼前，但在他的脑海中，那个球飞来的动作是一个慢镜头，球还远在10米开外。我们终于明白艾伦为什么不喜欢竞技性的体育运动，因为他的内在世界和体育场上的现实根本不在同一个宇宙。而对于个体性的运动，比如日常游泳与健身，他就没有任何障碍了。

第二，艾伦对于声音信息的接收能力和工作记忆力也很弱。艾伦要通过阅读获得信息，这导致了他口头沟通方面反应速度的延迟，而且在课堂听课时他需要较多的时间才能搞明白老师讲述的内容。

第三，艾伦对于数字符号的长期记忆力很弱。艾伦因此在知识存储方面存在困难，考试时需要很长的时间才能唤醒对这类知识的记忆，从而进一步拖慢了他大脑思考的速度，因此常规的数理化考试对他来说是个挑战。他的天赋表现在高度成熟的视觉和知觉推理能力，主要是非语言抽象问题以及空间推理和归纳的能力。由于艾伦的小肌肉运动能力很弱，因此，对于写字、系鞋带等日常活动，他依旧需要时间慢慢做。

约翰斯·霍普金斯大学设有一个名为"天才儿童中心"的机构，可提供独特的空间智商测试。当时艾伦只是一名五年级的小学生，但是他的成绩与十二年级的学生相比，依然优于99.7%的人。从实践观察的角度，我们发现他语言能力优异，文字创作能力极强。在小学二年级时他已经创作出第一本绘画故事书，但是受制于极慢的信息处理速度，他的考试成绩只是中等水平。

我知道我需要做的是改变环境而不是改变孩子。如何帮助艾伦克服障碍呢？一个人大脑处理信息的方式、速度以及神经系统的反应方式是很难改变的，唯一能做的就是通过强化性的职业训练来改善思维的集中力、思考速度和肌肉的工作习惯，这可能需要多年的努力。与医生讨论后，我们得出的结论是，如果通过职业训练来改变孩子，那么过程将是漫长而痛苦的，而且效果毫无保障。

与其探求为什么会出现障碍，以及如何改变障碍，不如接受孩子的特点，把精力放在寻找务实的、能最大化保护孩子的办法上。我们的措施包括两个方面：（1）尽量通过改变外部环境来解决问题；（2）对于有些外部环境无法改变的方面，我就帮助孩子"安装假肢"，暂时克服困难，寄希望于某一天障碍会消失，或者将其开发成独特的长处。

在改变外部环境方面，我们首先为孩子争取到了更多的写作业和考试时间。医生认为艾伦做这些需要多一倍的时间，但在现实生活中这是难以实现的。比如，期末考试一个学科是一个半小时，多一倍就是三个小时，如果一天要考两到三个学科，孩子就会感觉非常疲倦，而且学校在空间和监考方面的安排也存在很大的困难。我们决定暂时增加 50% 的时间，然后再根据结果进行调整。结果，仅仅这一项措施就将艾伦的学习成绩从平均水平提高到了优异水平，他的 SSAT 和 SAT 考试成绩高于 99% 的人。

艾伦就读的京西国际学校是一所非常好的 IB 学校。为了帮助艾伦增强听课时的理解能力，上课时老师允许他多考虑些时间再回答问题；艾伦写字困难，常常在考完试时手已经累得酸痛，学校允许他使用打字机代替手写。不过，因为这是一个他尚能忍受的障碍，所以我们没有要求这一特殊待遇，主要是为了减轻学校在管理上的负担。

我们的孩子就像一条优秀的鱼，应该生活在水里，可是当代的初高中教育体制与目标，却要求人人爬上"大学"这棵树。这一点在多个国家其实都是一样的，孩子们都被要求十八般武艺俱全，必须成为超人。我们改变不了这些现实，就要帮助孩子"安装假肢"，只要能撑到考完大学就行，然后就可以丢弃了。大学以后的人生是可以充分进行个性化设计的。艾伦需要的"假肢"是数理化，他很善于理解数理逻辑，但是理解后却不能在记忆中存储，考试时思考太慢，我们制定的应对方法就是，让他多刷题库，以便增强记忆，熟能生巧。

我帮助艾伦找出有明显障碍的知识点，分析解题思路错在哪里，制定快速纠偏的记忆提示，然后记在一个本子里，考试前重点复习以强迫强化孩子的短期记忆，艾伦因此得以维持全 A 的成绩。这些措施支持艾伦成功地度过了初中，也陪他成功地度过了在美国最好的私立高中之一的菲利普斯·埃克塞特学院的高中生涯，并使他作为荣誉生从该校毕业。我们内心笃定，这些措施也会是他在哥伦比亚大学愉快度过四年大学生活的保障。

更令人鼓舞的是，艾伦对时间缓慢的感受，即在视觉与空间思维方面的天赋，在电影艺术上找到了完美的落脚点。电影是关于时间空间和视觉的艺术，艾伦在初中时就萌生出对电影艺术的热爱，在高中阶段展现出了独特的电影制作才华，尤其是在抽象视觉艺术方面。如今，艾伦已赴哥伦比亚大学电影系深造，决定将电影写作和导演作为职业目标。

艾伦的艺术指导老师也是他在高中时的表演艺术主任，他本人也是一名表演艺术家，他是这样评价艾伦及其毕业作品的：

> 一系列深刻的反思式的影像和创造性的过渡提供了一种抽象的体验，这是大多数人从未经历过的一种体验。艾伦是一个非常了不起的年轻人，他作为一名电影人的创造力似乎不会受到任何边界的限制。这部电影是一部杰出的作品，展示了天才的元素。我从来没有见过像艾伦这样的学生，他的作品非常优秀，他本人也是。

原来，缺点和学习障碍大都是他一生最重要的天赋。

2019年，艾伦从菲利普斯·埃克塞特学院毕业时，被校报评为"年度艺术家"。在反思他自己充满戏剧性的18年生命时，艾伦这样描述自己：

> 只有在过去的几年里，我才把大脑处理信息的速度问题和电影联系起来。电影的独特性不在于它的视觉效果和特技，而是来自它的时间维度，这并不意味着它会像音乐和戏剧那样顺

势发展；相反，正如苏联电影导演、编剧安德烈·塔可夫斯基（Andrei Tarkovsky）所描述的，"电影本质上是由时间组成的马赛克"。这种对控制操纵和停滞时间的渴望，是我延迟思考速度的直接产物，也是它造成了我对世界的体验充满扭曲。如果我的父母没有因为老师的警钟而采取行动，那么我不知道我会怎么样。我想，除了永远不能完成考试的焦虑之外，也许我永远不会发现电影，也许我永远不会感受到它在我的心里，它是我充实精神的媒介，是我远离家乡时的"家"。

如何爱护、养育"不正常"的孩子

不同的人有不同的智力特点，因此需要以不同的方式学习知识，并且需要不同的学习重点与方向。我们现在的教育体系通常是一刀切，因此只能满足一部分学生的需求，其余的都被列为"不正常"或者被迫调整，以便顺从体系要求的所谓的"正常"。那么，如何爱护、养育我们的"不正常"的孩子呢？

第一，应尽早了解学习者特点。学习者特点就是一份描述一个人如何学习最有效的清单，可以帮助自己和老师个性化地设计教学和考试。一份完整的学习者特点清单应该包括以下内容：

- 学生是怎样的一个人，即与文化、性格、性别、过去的生活经验相关的特点；
- 学生的目标与爱好；
- 学习的倾向性与风格、方式；
- 学生的优点、长处；
- 解释学生学习方式的问题或者障碍需要什么样的特殊支持；

- 说明学生需要如何参与自己的教育过程的一些重要决定。

随着学生的成长,这份清单是不断变化发展的。列出这份学习者特点清单需要多方面的配合,最基础的一步是去做一些心理测试,还需要孩子本人、老师、家庭对孩子的学习进行长时间的仔细观察,不断印证与纠正清单。

第二,不拘一格地寻找和发明适合自己的学习方法。比如,听觉型的学习者倾向于通过小组讨论来学习,而不是读文字;考试时需要用听和说的方式才能快速准确地表达自己,而不是写字。因此,他们可能需要学校提供相应的听说设备来进行考试,或是要求延长考试时间,用时间弥补错误的方式所带来的迟钝。与之相比,读写型的学习者则需要通过文字去理解知识,他们在课堂上无法通过口头授课进行有效学习,因为他们听不进去。

在世界上的多数地方,教育体制都要求孩子们全面发展,即在各个科目上都要表现优异,这种压力在孩子高中阶段会因考大学而达到顶峰,步入大学后反而有更大的自由去发展某个方面的特长。在孩子考大学之前,我们应该和孩子一起寻求务实的方法,先爬上大学这棵"树"。如果孩子在某一类别的智能弱,我们就可以在考试前通过强迫提高短期记忆、强化补习、一对一教学等方式,用最大努力暂时应对,不必求全责备,也不要对成绩要求苛刻。

第三,尽量改变孩子学习的外部环境,而不是改变孩子。在关键的学习障碍上强迫孩子去顺从外部教育体制的要求,代价可能会非常高,但效果却很差——孩子可能终生充满挫败感,因此我们应尽己所能地去改变外部环境。这些学习障碍往往只是在学校阶段因竞赛班制度造成的，在成年后的职业生涯中考试则不再重要，精准限时的任务也很少，因此这些所谓的障碍将会消失。

在美国的各类学校和中国的国际学校，已经有一整套制度来宽容对待有特殊需求的孩子，但在实践中父母依然要拼命争取。在这些学校中，负责特殊教育的老师中有很多资历不够，对特殊的学生有偏见。我就遇到过一些案例。医生本来建议学生在考试时需要增加50%的时间，但是校内的相关老师却毫无依据地将时间降为增加25%甚至仅为10%，基本剥夺了孩子需要获得帮助的权力。

在这种情况下，父母必须据理力争，不能让步。我们需要在社会上普及这方面的知识，希望那些特殊的孩子也能获得人性化的且符合科学规律的特殊照顾。

在获得社会整体的理解与立法之前，个体家庭依旧值得先行一步为孩子确诊，以医生的诊断为工具，与所在地方的学校讨论如何帮助孩子，也许无法得到全部的帮助，但你争取到的任何帮助都可能会改善孩子所面临的生活状况。

由于艾伦的慢性子，我不得不陪着他做了多年的时间计划，并监督进程。他不是不独立，只是这些独立指标达标晚。最近，我们全家进行了一次环冰岛自由行，从安排每日活动、三餐去哪里吃、住在哪个酒店，到驾车路线，都是18岁的艾伦一手操办，这是他第一次进行尝试，但是他在管理日常生活方面的独立性已经追赶上常人了。

人各有"智"，何求同归？

第三项修炼案例：
为孩子赋能

王建军的故事：体育精神让孩子更强大

王建军在美国华人父母圈里知名度很高，他也是抖音平台上的"网红爸爸"。王建军有三个孩子，长子王芮从小学习自主性很强，是著名的摔跤运动员；女儿王子墨，喜欢小提琴；次子王远原本资质平平，但在王建军的培养下，不仅成绩进步很大，还成为美国国家级运动员、纽约州摔跤冠军，提前一年同时拿到哈佛大学、普林斯顿大学、斯坦福大学等12所名校的录取通知书，最后被哈佛大学录取。王建军总结说，是精心的散养，将孩子培养成才。

以下是王建军关于家庭教育的分享。

关于家庭教育，我倡导的理念是父母对子女要进行"精心的散养",意思是说,在孩子13岁之前,父母对孩子既不能完全"圈养",也不能完全"散养",而是要把圈养、散养结合起来再加上父母的智慧,要对孩子的成长有规划,把孩子的行为习惯培养好。这套理论是行为习惯学的精髓部分,是在实践中,尤其是在我对次子王远的教育实践中发展出来的。

王远小时候身体素质较差,为了帮助他强身健体,我为他选择了摔跤这项体育运动。喜欢体育运动的孩子不在少数,但能够将一项体育运动坚持到最后,并走出一条光辉大道的孩子并不多见。这个过程具体是怎样的呢?

王远小时候不仅身体素质较差,在很多方面都资质平平,为了增强他的自信心,我觉得体育能起到很好的作用。那么问题来了:练习什么体育项目比较好呢?其实,在让王远练习摔跤之前,我们经历了好大的一番波折——篮球、棒球、足球等各项球类运动尝试了个遍,但他都表现平平,而且不怎么喜欢,还创造了学校棒球"零击打"的记录。

这该怎么办?如果换作其他父母,这时一定会开始慌乱,进而怀疑孩子是不是不够努力。事实上,这又进入了一个误区。在我看来,体育和艺术都是玩出来的。我经常跟孩子说:"走,王远,玩篮球去!玩棒球去!玩足球去!"对于各类体育运动,我都用"玩"这个字眼,就能给孩子一个心理暗示——搞体育运动是件开心的事情。如果我说"练足球去",就显得像是在逼迫孩子去练习,孩子就会产生抵触情绪。

既然各类球队都拒绝了他,这下该怎么办呢?一次偶然的机会,他看了一场摔跤比赛，他似乎找到了自己的兴趣所在。其实，他哥哥也在摔跤队，在此之前，他每天看着哥哥玩，但从来没想过要加入。事实上，摔跤对亚洲人来说，并不太适合，因为亚洲人的身体素质、对抗性和肌肉力度等方面的不足，无论怎么努力都很难摔过别人。而且，这项运动还非常残酷，被对手举起从空中抛下后很容易受伤，因此很多父母都不愿意让孩子去参加这项运动。然而，王远在此时已试过其他所有的比赛项目，我们也没有其他办法了，且此时又恰逢他们学校的摔跤队招人，我觉得只要有个地方玩就行，便让王远去了。

当时我的想法是，只要他能赢一场，我就很高兴了。我经常讲，**父母在育儿的过程中，一定要将心态放正，如果功利性太强就肯定没戏**。我很清楚把孩子送过去的目的——除了上课之外，他能吃好、把身体养好就行了。只要玩得快乐，他自然会坚持下去的。

那时，他每天都被人摔倒在地。比赛时，一听到裁判吹哨他就往外跑，因为跑到垫子外就不会被摔了。不过，他也跑不快，三两下就被对手抓回来了，"哐"的一下被摔在地。王远特别爱笑，即使被对手摔倒在地，他也会笑。那时，他对自己的定位就是"永远被摔倒的那个人"，从没想过要赢别人。

他就这样被摔了两年。如果换作其他父母，一定开始着急了，很可能还会说"我的孩子怎么总是被摔，赶紧换项目"。而我那时候想，我好不容易给王远找到一个玩的地方，而且据我暗中观察，他的饭量在增加，身体也越来越强壮了，他是来对了地方。我还会额外给他开点小灶，没事拉他一起做俯卧撑、仰卧起坐、跳舞等，他的身体逐渐在积蓄力量。

这里插一句，大家都说平时没有时间做运动，我强烈建议无论是大人还是小孩，每天都要坚持锻炼一小时。我家就养成了这么一个习惯。从孩子们的成长过程来看，这一点也是大有裨益的。

此时，他的哥哥王芮已经很厉害了，已在我们生活的区域没有对手了，他的照片很早已被贴在学校的荣誉墙上。看到王远仍被摔，他的脸上有些挂不住了。有一天，王芮获得冠军以后，看到王远被人摔，而且摔倒了还笑，就忍不住走过去说："王远，你搞点正事，你都被摔倒了还笑，你都笑了两年了，你再笑下去丢不丢人？"那时，王远视哥哥为偶像，被偶像骂了一顿后，他开始有所改观了。从此以后，他真的不笑了，并开始好好练习，连教练都感到很惊讶。

又过了几个月，我开始寻找机会。我经常说要做智慧型的父母，智慧型的父母绝不是天天盯着孩子，而是要敏锐地发现孩子的问题，并且不动声色地想出解决方案。据我观察，正常选拔比赛会取前三名，他肯定没戏，但天赐良机，有一次区域选拔赛取前六名，我觉得这是一个很好的鼓励他的机会——王远马上就要得名次了！我邀请了亲朋好友去给他助阵，外加赛后要给他庆祝。

比赛之前，我对王远说："你今天比赛认真一些，你看最近教练总是表扬你，你要好好摔肯定能进前六名。这就已经很厉害了。"

王远说："行，我今天给你好好摔。"

我说："不是给我好好摔，咱这是玩，玩的时候你还能站到领奖台上，是不是就很厉害了？"

他说："好，那我就好好玩。"

赛场上，王远摔得可真拼。以前他被摔几乎是一秒钟的事，现在他能坚持一分多钟，说明他确实好好练习了。结果谁都知道，王远肯定是最后一名。六个人比赛，肯定是第六名。结束之后，我们为他庆祝，他想当然地认为荣誉都是哥哥的，不料大家却说："你摔跤摔得多好啊，你知道你得了第几名吗？"王远呆住了。"第六名！你是第六名！"然后大家表扬他，说他一定能胜过哥哥王芮，他将信将疑。不过，因为他第一次获奖，因为这个第六名，他开始有了自信。

由此我认为，**一定要赞美、鼓励孩子。这非常关键，父母要倾听并理解孩子，然后鼓励他**。我用一个善意的谎言鼓励了他，他就开始了训练。

王远从七八岁起就跟哥哥一起玩摔跤。哥哥动不动就把他压在底下，他疼得大叫，但哥哥从不会伤他分毫。慢慢地，他学会了防守，也知道了一些技巧，懂得观察哥哥的爆发点在什么地方，这为他以后的摔跤打下了很好的基础，使得他一旦进入状态就如有神助。

因此，如果一个孩子突然出名了，千万不要认为这只是他一两年努力的结果，而是他长年的积累，他的生活中的任何一次失败、挫折都是一笔财富。

接下来，王远开始频频参赛，从第三名、第二名，到七年级时问鼎少年组的地区冠军，八年级时荣获纽约州冠军。

父母常会有这样的担心：体育占据孩子这么多的时间，会影响他的学习吗？自王远开始练习摔跤以来，他每天都会用两个半小时练习，这些时间本可以用在学习上。但令人惊讶的是，在训练期间，他的学习成绩和摔跤成绩成正比例地向上攀升。七年级之前，他的成绩几乎都是不及格；七年级后，开始零星出现了 A；八年级后，出现了多个 A。这几个 A 非常关键，关系到他在九年级能否上天才班。这个要求非常严格，很巧的是，他在这时恰好得了几个 A，同时他还拿到了摔跤少年组的冠军。

上高中以后，他开始凯歌高奏。从九年级开始，他就成为地区的摔跤总冠军，一直到问鼎州冠军，成为美国的国家级运动员。他当时的体育成绩是纽约州的第三名。这个名次在全美有上千位，含金量不高。各大名校之所以争抢他，一个重要的原因是他全面发展。他学习非常好，从高中起他就开始成为满分学生，他的化学、生物、科学都获得了学校唯一的一个奖项。除摔跤之外，他还是黑管演奏家。因此，他当时提前一年就被有的院校内定了。

那么，他的学习成绩优异，是不是与体育和音乐都有密切的关系？王远的事例再一次验证了科学家曾做过的实验：**体育和音乐是开发大脑的最主要的手段**。要想开发大脑，你可以去上很多的补习班，花很多的钱，但是体育和音乐是最便宜、最简洁、最有效的办法。我是坚决反对上补习班的，我认为不如把上补习班的时间花在体育和艺术上。因为王远确实不够聪明，即使是现在他的大脑被开发到如此程度，他依然算不上聪明。他的聪明劲儿在哪儿？要我说，他就是阿甘。为什么他做任何事情都能成功？这就是人们常说的做一件事要做到极致。当你将一件事做到极致时，再来问问什么叫坚持。

除了学习成绩、音乐、体育全面发展，我觉得名校争抢王远的另一个原因，可能是他经历过挫折，这也是那些名校比较看重的。他的人生中出现过低谷，上十年级时的挫折让他感悟到了很多。那时，他的成绩肯定能进入纽约州的第六名，真正的有含金量的第六名。然而，他在稳操胜券的前提下，却在短短的四秒钟内被人反败为胜。

当时我很生气，认为裁判不公正。在这决定成败的四秒钟之前，裁判竟然允许对手暂停半小时之久。结果，这名比他高两个年级的对手爆发力极强，在四秒钟内就反败为胜了。

然而，当我提出这个观点的时候，王远立刻制止了我，他说："爸爸，我就是技不如人，不要找借口，我败在了内心不够强大。不管外界如何，输了就不要找借口。裁判永远是公正的。"这也给了我很大的启示。

比赛结束后，王远看起来很平静，跟人合影，面带微笑。那时我就在想，孩子有什么样的心情呢？他过去连续几年都是地区冠军，而且媒体对他的评价非常高，这回他遭受了这么大的打击，他该如何面对？

虽然我们当时劝他反正就是玩，输赢不重要，但是对王远来说，这显然是一个沉重的打击。他每天都把自己关在屋子里，也不知道在干什么，出来时还笑呵呵的，和我们开玩笑。那时我们并没有发现异样，只看到他不再摔跤了。一次，我偶然发现他在日记里写道，他每天哭一个小时，就这样哭了一个月。一个月后，他频繁出入图书馆，阅读一些励志类图书。显然，他开始了自救。

一个月后，他说："我摔跤是为了什么？是为了获得名次吗？我好像有点迷失了。这么多年来，这么多冠军头衔，让我迷失了自我。好像我就是为了得冠军而来的？我是不是真的喜欢摔跤？"沉思后，他得出结论："我摔跤不是为了拿名次，而是我真心喜欢。"这句话也被以后的事实证明了。

被哈佛大学录取以后，他又做出了一个惊人的举动：继续坚持摔跤。按照大学的作息时间进行调整后，他开始刻苦练习。他每天都在一个本子上立下志向——"我要当纽约州冠军"。在那个三四百页厚的作业本上，他每一天都写下这样的豪言壮语，直到他真的拿到了纽约州冠军。

◎王远在摔跤赛场上。
该图片由王建军提供。

立志，是让一个人坚持下去的好办法。自救后的王远立了大志。在孩子立大志的过程中，父母应该起到什么样的作用呢？我的原则是，**高标准、低要求**。孩子在立完大志后通常都会有很大的压力，因此疏解孩子的压力是父母此时要做的事情。13岁的孩子已经到了需要散养的阶段，这时父母要当好孩子的"车夫"，千万不能让压力把孩子"压死"。不仅如此，在孩子下定决心后，父母不能死盯着，而应为孩子适当减压。父母要做的就是"袖手旁观"，做一个好助手来助他成功，而不是给他更大的压力。

因此，通过王远的例子，我最想说的是：体育能带给孩子什么？体育能让一个人处在不断的胜败中，体育是增强抗挫力最简洁的方法，体育能让一个人的内心更加强大。内心强大，自信心就很强，去哈佛大学上学就成了一件水到渠成的事情。

毛大庆的故事：我陪女儿跑马拉松

从女儿小时候起，我就通过一切办法告诉她，丰足的人生不等于奢华生活，胸中有天地，方见未来。真正丰足的人生，是拥有一颗善良的心、一份可贵的自信，以及远大的视野、高于智商的情商、独到的分析力、无人可夺去的积极心态、内置的强大抗压能力、追求未知的炽热、独立自主的气质——这些是抵御人生极寒马拉松的最佳装备。即使在不确定的未来，仍然可以快乐地生活。

——毛大庆

我是毛大庆，是一名企业家。此时，我的角色比较特别，因为我很少以父亲的身份来分享经验。我曾跑过107场马拉松，但对于我来说，对子女的教育则是一场最重要的马拉松。我一直觉得我不是一个非常成功的父亲，因为这么多年来我一直因工作繁忙而对孩子的教育心有余而力不足，对此我心有愧疚。不过，也正是因为工作繁忙，我才调整了教育方式，在某些方面获得了一些心得，在此与父母们分享。

◐ 成长的刻度

虽然我没有很多时间零距离地陪伴孩子，但是我一直在做着很多她看得见的事情，并尽可能地让她参与到我的活动中来，让她知道我在做什么。我是一个非常坚定的过程主义者，我坚信：**孩子不能也不是靠天天陪伴的，父母要给他们留出一些心理空间，给他们的内心留下成长的刻度**。人生最大的价值在于经历，丰富的经历才能带来富足的和有价值的人生。经历不一定能带来金钱，却能带来对外部世界更加丰富的认知，以及对内心世界最强有力的呼应。

我一直特别关注孩子的世界观问题，希望她能在成长的关键阶段去体验一些能给她留下深刻印象的特殊经历，由此形成一些重要的人生观。从她很小时起，我就特别注意培养她对体育的兴趣和对大自然的认知，建立自信心，对自己有坚定的信念。我将之形容为"一种能够取悦自己的成长方式"。因此，这些刻度可能是我在繁忙的工作之余给孩子的人生留下的非常深刻的记忆，也是孩子送给自己的珍贵礼物。

女儿12岁时，我带她参加了戈壁挑战赛成人礼活动。这是孩子第一次跟我去参加户外的挑战赛。我们在这个活动过程中交流了很多，这个活动给了她极大的震撼。从此以后，她跟我有了更多的共同语言，也对我有了更深入的理解和认识。

女儿13岁那年，我为她报名了北极圈马拉松的少年志愿者活动。在此之前，她对于北极极寒马拉松比赛是完全没有概念的。女儿既参加了志愿活动，又完成了第二天的一个半赛程马拉松的挑战。她之前从没跑过马拉松，更没有在这种极寒地带参加过这种国际性的比赛，她还刷新了马拉松最小年龄参赛选手纪录，这对她来说是很大的身心刺激。

高中时，女儿参加了南极马拉松的正式挑战赛。她和大人一起比赛，并获得了女子第二名的成绩，连她自己都没想到。她在高中阶段还在国内参加了多个半程马拉松的比赛。

在申请大学的文章中谈到成长的心路历程时，她写了在北极跑马拉松的刻骨铭心的经历，写了在那种了无生机的生命尽头，那种极寒环境对尚且是个孩子的她的心理的塑造和锻炼。

◎杜怡琳获得 2018 南极探险马拉松挑战赛半程马拉松女子亚军，同时成为完成南北极马拉松半程挑战赛的世界最小年龄纪录者。
该图片由毛大庆提供。

后来，她转学了，在成绩不断进步、名次不断提升的过程中，我也观察到了她的变化，主要是她在不同环境中的适应能力。我看到了她将在戈壁挑战赛、马拉松这种极端环境中的适应能力迁移到了学习上，表现得几乎如出一辙。通过这些，我甚至能够想象，在她未来的人生道路上，当她遇到各种不确定性的时候，她的内心会如何地从容与镇定。我觉得，这是我这些年对她的教育中最令我感到欣慰的。

其实，我并没有用太多程式化的方式来引导女儿，而是更多地希望培养她对大自然的认知，加强她对复杂世界的印象，丰富她观察世界的视角。2013年，我在哈佛大学拜访了几名来自中国的访问学者，他们告诉我，每年考入哈佛大学的中国本科生中都有好几名学生提出休学申请，这并不是因为他们的成绩和学习能力不行，而是对国外教育的适应性不强。哈佛大学更注重学生自主学习的能力、适应不确定性的能力、参与社团活动的能力，这些都是中国孩子无法适应西方教育的地方。

在女儿参加马拉松的过程中，我观察她如何与不同国家的运动员交流，如何组织参赛者交流。在这个过程中，她的沟通能力、她对世界的观察和获取知识的能力都增强了不少。等她再回到学校学习的时候，她不会仅用考试成绩来衡量自己的进步。

也许有的父母会说，孩子在高考前的时间特别宝贵，应该尽一切可能去准备SAT考试，参加这些活动都特别浪费时间。然而，据我观察，如今有很多学生都不知道为什么而学习，对学习没有兴趣，也不太明白父母煞费苦心地帮他们分析学校是为了什么。有的孩子甚至会说："我是在为父母完成任务，而不是为了自己的目标去奋斗。"我的女儿也曾说过，要为父母考上一所像样的学校，我与妻子都认为这种动机非常危险，并及时纠正了她。因此，即使工作再忙，我也要坚持做一件事：不停地唤醒她对知识的渴望、对学习的兴趣、对广阔世界探索的热情。

● 父亲的角色

父亲天然就是女儿看到的男性群体中的第一榜样。因此，我希望在她眼里，我是一个有趣的人，一个敢于冒险和无所畏惧的人。我希望我的幽默可以打破父女之间的尴尬，随着年龄的增长，我也开始把女儿当作我的朋友甚至哥们儿，与她将心比心、平等相待。

前些时候，我与女儿聊天，我从她做的事情中意识到她显得有些自我。对此，我没有批评她，也没有教育她"不能太自我"之类的，而是告诉她，我只希望她能有一个基本的品德，即共情。我说："不论是对家人，还是对未来的同事、朋友，我对你唯一的要求是，时时提醒自己要能共情他人。"所谓"共情"，就是站在对方的立场上去看待事情，然后再来判断自己的判断，这样可以化解很多矛盾，包括隔阂和误解。女儿欣然接受了我的建议，并反省了以往的不足。

这就是一种特别好的平等沟通的方式。我并没有以英雄或偶像作为她的榜样，我认为，孩子最好的榜样就是父母。父母要做一些在孩子看来非常时髦的事情，做一些与孩子没有年龄界限、没有代际隔阂的事情，这样更容易赢得孩子的敬佩和尊敬，并能与孩子成为好朋友。

我认为，我们其实没有资格去说教孩子，因为他们的知识和对社会的认知以及对知识体系的认知，与我们相比，都可能经历了一个巨大的裂变和飞跃。比如，对于移动互联网和数字经济，我们都是"移民",而他们则是"原住民",他们这一代人对新事物、新技术、新经济的认识,是我们所不及的。我们所能教育他们的,也许只有伦理道德层面了。因此,我更希望自己能以身作则,在潜移默化中影响孩子。带女儿去参加马拉松长跑,就是我与她沟通的一种方式,也是在她心目中树立父亲的英雄形象的方式。

2013年12月,我去台北参加马拉松长跑,结束后,我给孩子们写了这样一段话:"这是我送给你们的生日礼物。我希望你们能够看到父亲像一个孩子一样,充满活力地在挑战自我、挑战极限。这次马拉松的比赛过程非常艰难,狂风暴雨,跑完之后我特别希望你们能够看到你们的父亲在前面奔跑,在等待你们来追赶我,我相信你们一定能够超过我。"女儿很快给我回复道:"老爸你真牛!加油!"作为父亲,我做的所有的事情都是为了启发孩子对生活的热情和对未来的憧憬。收到女儿赞美的那一刻,我觉得一切都是值得的。

我也很注重对孩子的赞美。我认为赞美是一个特别重要的教育方法。不过,赞美不是停留在口头上的,我更希望给他们设定一些能让他们靠努力而获得赞美的事情。比如,一些看起来不可能的事情,他们因未知或不自信而不敢去做的事情。

在女儿从初三到高三的这几年里,我们所做的另一件事是,注重每年暑假夏校的课程安排。她参加过牛津大学读书主题、麻省理工学院数学主题和美国某著名中学物理主题的夏校。最重要的是,她在高二时报了纽约大学摄影专业长达六周的夏校,由于被编排到了大学组,因此她学习的过程很艰难,曾一度想要放弃,但最终还是坚持了下来,修了六个本科学分,这也为她后来申请纽约大学帮了很大忙。在参加各种夏校的过程中,孩子的适应性是最令我满意的。每当她进入不确定的环境里,或是去做一些特别有挑战性的事情,她都会害怕,也会想要退却,但是作为陪跑的家长,我们更多的是要去鼓励她,告诉她可以去尝试,再坚持一下。"也许试一试就可以成功",这样的想法一直伴随着孩子的成长。

◉ 孩子究竟需要什么样的未来

我的女儿很不愿意离开中国,她觉得她的人脉和社交圈都在国内,她也很适应国内的互联网圈子,她觉得在这里如鱼得水。到了欧美,她反倒觉得这些地方很落后,她觉得没办法跟那里的人们交流。然而,如果人一直待在自己的舒适圈,就不可能获得较快的成长。从开阔眼界、获得本领这个角度来说,我非常认同"留学总的来说是好的"这个观点。不过,我并不认同过度迷信留学,我觉得这甚至成了萦绕在我们这一代家长脑中挥之不去的魔咒。很多人可能认为中国的教育、中国的社会环境与发达国家相比有很大差距,所以认为出国留学是教育的最佳选择,并认为留学会给人生带来颠覆性的影响。然而,对于这一代孩子来说,其实并非如此,至少留学并不意味着一定会改变他们的人生。

不过,从另一个角度来说,留学本身就是对孩子独立性的一种挑战。成功挑战"不可能"后,他们获得的赞美不仅来自父母,更多的是来自我们周围的朋友和他认为特别重要的人。这种赞美的力量远胜于父母的一句"你真棒",对孩子成长的影响是不可低估的。

国内的教育并不是特别注重对自信的培养,自信又来自挑战自我的成功,包括对知识的探索和对自己身体的能力的开发。欧美国家的年轻人,尤其是大学生,特别重视体育课程,因为体育运动是一种能很直接且有效地帮助学生建立自信的方法，很容易博得掌声和喝彩。这也正是我钟情于跑马拉松并带女儿跑马拉松的原因。

我是在步入中年后才热衷于跑马拉松的。跑步的过程更多的也是我重新思考人生的过程。我重新思考在这样一个充满不确定性的时代，在这个充满挫折、内心充满各种不安定与焦虑的时代，我们该如何重新看待自己的人生，如何让我们的生活向前行进。这种对未来的热情也投射在了我对孩子的教育上，我觉得孩子的一生确实也是一场马拉松长跑，也需要韧性，需要对抗不确定性的强劲能力。

我觉得**专注和好奇是一种尤其需要保护的美德**。有时，我们可能会对回答孩子的十万个为什么或是一些奇思怪想感到不耐烦，但这正是我们需要鼓励孩子去发扬的。尽管我觉得自己已经很努力地在追赶未来以及了解世界的变化和未知了，但依然很难跟上时代的变化。他们这一代人在未来三四十年的人生中，注定要在巨大的知识飞跃和技术爆炸的过程中度过，因此他们可能是人类社会过渡性的一代，面临的挑战很大，压力也很大。如果他们现在没有做好思想准备和具备一些能力，那么他们在未来这样一个变幻无常的世界中将会很难招架，这一点比我们这一代人要面对一个相对稳定的世界，可能要复杂和艰难得多。

我一直把孩子放到大风大浪里，让孩子知道挫折、知道痛苦、知道磨难，我觉得这是这一代孩子可能非常稀有的体验，可能远比让他们知道富足、知道美好、知道幸福更为稀缺、更为重要。我想这也可能是孩子在申请大学、进入大学和独自去面对这个世界时的一个非常重要的武器，同时也是在没有父母的陪伴时孩子能让父母放心的一个重要保障。

最后，我要感谢问校友团队对孩子的支持，尤其是在最后申请大学阶段对孩子的指导和支持，陪伴孩子成长。孩子考进了纽约大学，有了更开阔的境界和全新的视野。也预祝所有的孩子都能梦想成真。

肖静的故事：我陪女儿去航海

有这样一位母亲：女儿留学时，她以陪读的身份跟着女儿一起折腾，深度陪伴。在留学的七年中，她的女儿经历了休学、转学、退学、留级等特殊的求学生涯，最终跳级升入了"藤校"——康奈尔大学。她们母女俩还将这些有趣的成长过程记录下来，出版成《与你一起的日子才叫时光》一书。很多人听过她们的经历后，都表示非常传奇、不可思议。她是如何做到带着孩子在玩中学，还支持孩子顺利进入大学的呢？在女儿辗转12所学校的过程中，身为母亲的她，又在教育方面有哪些体会呢？以下为陪读母亲肖静的故事。

2012年，有一个叫作"机会"的东西敲了敲我的门："嘿，肖静，你想不想去看看外面的世界？想不想去体验另一种人生？"那是一个去国外访学的机会。对于一个手捧金饭碗、生活安逸的40岁中年妇女来说，要做出这样的改变是需要勇气的，毕竟生活除了诗和远方，最主要的还是眼前的苟且。不过，生性贪玩、好奇心强的我依然没有抵挡住诱惑，还把在北京市西城区上五年级的女儿彤彤一起带着远走他乡。没想到，这一走就是七年。兜兜转转从她跟着我，到后来我随着她到处奔波。说出来你肯定会觉得吃惊：七年来，女儿经历了休学、转学、退学、留级、跳级；走过了中国、新加坡、英国、美国；在公立、私立共 12 所学校学习。作为学生，除了没参加过一个属于自己的毕业礼外，该经历的她都经历了。

几乎所有的亲戚和朋友都不理解："放着好好的学不上，干吗那么折腾啊？孩子经常转学太不容易适应了，而且你家女儿还是那么一个内向的、有个性的孩子。"我理解大家的好意，但我也有自己的看法。我觉得，教育就应该是发现和点燃，而不仅仅是刷题和考试。我希望，我能帮孩子看到自己的特长，并找到她的梦想和未来。而这不同寻常的经历，就是我和女儿真真正正的发现之路、点燃之路。

想必大家都很好奇我们的故事，我在《与你一起的日子才叫时光》一书中记录了我们在美国、加拿大、墨西哥的 28 个有趣的成长故事。接下来，我想聊聊那本书以外的内容。我们在美国住过四个州、上过五所学校，因此我很想和你分享一些女儿在美国上学时我们经历的小事。

尊重

2012 年，我作为访问学者到美国密歇根州的一所大学交流学习。我给女儿办了国内休学手续，随我一起远行。

密歇根州位于美国北部大湖区，景色宜人。在我们居住的宿舍区里随处可见豚鼠、松鼠、浣熊等小动物，每天早晨都会被婉转动听的鸟鸣声叫醒。然而，在如此美丽的环境中，我却是焦虑的，因为我看到国内家长群里充斥着奥数竞赛、英语考级、古文背诵等有关小升初的一系列消息。而眼前女儿就读的美国六年级，女儿却像放羊一般，好像回到了幼儿园，做着小猫小狗的游戏，每天也没有家庭作业。在国内，这个年纪的孩子都被要求读长篇的英文原著了，而在美国这边,却是让孩子随意选择喜欢的图书——女儿通常只选有少量单词的绘本之类的书。这差距也太大了吧?我不禁担心,女儿会不会输在起跑线上呢?当她国内的同学都在上补习班时,她却在体育馆打球,在院子里翻跟头,从山坡上往下滚,在大草坪上骑着自行车飞奔……这让我真的有些坐立不安,唯恐孩子学的知识太少、太慢,跟不上同龄人的脚步。我也试图拿出从国内背来的教材,希望女儿能抽空学习一下。但是,女儿"太忙了",不是去这家做客,就是去那家玩耍,总之,对于额外增加的学习内容置之不理。我感觉有些无奈,也有点后悔了。

开学后的一周,女儿要去医院补打疫苗,我提前去学校接她。得到管理员安女士的允许后,我来到教室外。我很好奇美国的小学生是如何上课的,于是我隔着窗户往里看。只见孩子们正三人一群、两人一伙地讨论着什么。女儿在干什么呢?她坐在教室中间的座位上,旁边围着两个人,一个是金发碧眼的小女孩,另一个好像是她的班主任史密斯先生。奇怪,老师怎么变矮了?我靠近窗户,伸长脖子定睛一看,原来老师正跪在女儿旁边,边比画边说着什么。女儿的英文基础不是太好,想听懂课堂上的全部内容还是比较吃力的,因此老师会对她进行一些辅导。怪不得女儿愿意上学呢!在她心里,老师不再是被仰视的,而是与学生平等的朋友。这让我回想起第一天去学校报到的那天,管理员安女士也是这样跪在女儿身边和蔼地指导她填写登记表的。我想到了常常被提及的两个词——"耐心"和"尊重",在看到老师们对待孩子的态度后,我释然了。这些不也是父母应该对待孩子的态度吗?

女儿从小喜欢吹长笛,入学后加入了学校的管乐团。有一次,乐团要演出。我问女儿:"你们要选拔演员吧?你吹得不错,应该没问题。"女儿说:"不用选拔啊,谁愿意参加谁就去,即使不会吹,只是拿着乐器坐在那儿也行,都可以上台的。"我很疑惑,还可以这样?女儿接着说:"有一些对乐团感兴趣但是没有乐器也不会演奏的同学,老师就免费教他们演奏,并给他们提供各种乐器,只要学期末用完归还就可以。"怪不得孩子们都喜欢去上学!因为他们在被鼓励的环境中能找到自信。

一个学期要结束了,当我看到女儿从发自内心的笑容、逐渐挺拔的身姿,且变得日渐开朗后,我不焦虑了。后来我发现,孩子的想象力、创造力、自驱力、身体素质都有了显著的改善和提高。几年后,在她通过自己的努力跳级升入世界名校时,我才意识到这个结果与那"放纵"的一年是分不开的。我在陪伴孩子的过程中,尽量引导她找到自己的目标并充满自信地去实现。

常有朋友对我说:"你真是个省心的妈妈,从来没见你管过孩子学习,可是女儿的成绩那么好。"**其实,孩子是不需要"管"的,当我们把教育融入日常生活,孩子就会让我们很省心。教育的基础,就是发自内心地尊重孩子。**

◉ 相信

九年级时,女儿去了西雅图上学。西雅图位于美国西北角,是从中国乘飞机最方便到达的城市。

上中学后,女儿有了新的成长。她思维活跃,经常提出一些独特的见解。她在国内上学时也曾是这样,但经常被老师说"标准答案里没有这个,别想多了"。后来,孩子慢慢地就不怎么说话了。美国老师则鼓励学生去批判性地思考和表达，勇敢地去试错，这样就形成了讨论的氛围。在这里，当女儿提出自己的观点时，全班甚至全年级的学生都会参与探讨，这让女儿感觉到她的观点特别受重视，也变得越来越自信了。

女儿从小喜欢运动，加入了学校的网球队和篮球队。由于她是新加入的，因此她的动作比其他同学慢一些，体能也差一些。不过，并没有人因此而埋怨她，同学们都对她非常友好。有一天，她训练完回家，红着眼圈对我说："我今天跑步时跑了最后一名……"我正要开导她，她继续说："当时跑道上只剩下我一个人了，特别累，我都想放弃了，但是我看到教练和所有队员们都在终点为我加油鼓劲，我便忍不住哭了。我一下子就觉得自己有了力量！"

与其给孩子讲一堆大道理，不如让她体验一次实实在在的感动。从那以后，女儿特别会照顾他人，也特别有团体意识。后来，女儿在大学中虽然学习压力很大，甚至连睡觉的时间都很少，但还是创立了两个社团：一个是"用兴趣联结你我"，解决了疫情之下留学生缺少社交、没人陪伴的问题；另一个是无伴奏和声阿卡贝拉乐团，给喜欢音乐的同学搭建了展示的平台。女儿说："我相信每个人都有独特的光彩，每个成员都在为团队努力。"2021年2月，刚刚成立三个月的乐团就代表学校参加常青藤大学八校联合春节晚会的演出，并获得好评。

父母常说要相信孩子。那么，什么是相信？是平等，是认可，是不怕孩子犯错误。在每一次女儿成长的过程中，我都在她身边——在她开心的时候陪她笑，在她伤心的时候给她一个拥抱，在她遇到困难的时候伸出援手，在她成功的时候为她鼓掌。我从不抱怨，也不命令她。

◐ 支持

为了有更多 AP 课可以选择,女儿决定转学到南卡罗来纳州。这里与一年有 200 天阴雨天气的西雅图不同——日照充足,是典型的南方气候。

在朋友的介绍下,女儿选择了当地一所著名的学校,据说很多任州长和议员的孩子都在这里上学。她看了学校的相关介绍,与招生老师做了个视频面试,然后用一周时间办理了所有的转学手续。

十年级时,女儿像开了挂,学习突飞猛进。除了正常的课程外,她还选了四门 AP 课,包括英语文学、统计学、微积分这些难度很大、美国孩子通常不喜欢选的课程。AP 课程是美国大学预修课程,比正常高中课程难度大。女儿刚学统计学时很吃力,因为需要很多数学基础知识。而她八年级跳级,只用一个月时间就学完了一学期的课程。虽然考试都通过了,但比起按部就班学习的孩子,她的基础还是薄弱一些。起初几天我去接她放学时,发现她的眼圈经常是红的,她说,AP 统计学太难了。于是,我安慰她:"要不换课吧,别给自己太大压力。"可是,女儿执拗地说:"我还挺感兴趣,一定要学会。"于是,她一下课就去请教老师。老师名叫黑石,是一位非常有耐心、风趣幽默、学术水平也很高的教授。他不仅给女儿讲题,还给她讲自己奋斗和养猫的故事。女儿一下子就喜欢上了老师的风格,也喜欢上了统计学。为了提高成绩,女儿调整了作息时间,早上四点就起来写作业,晚上我睡觉了她还在上网课补基础知识。经过一个月的努力,她不但可以同步跟上课程内容,还经常率先提出解题方法,让老师和同学们赞叹不已。到学期后半程,她居然成了班里名列前茅的学生,并以满分通过了期末考试,这非常不容易。黑石先生给她的评语只有两个字——"钦佩"。后来,也正是有了这位教授的推荐,让大学招生官对女儿高度认可。

当然,女儿并不是所有课程都坚持下来了,因为她做了要提前一年毕业的计划,十一年级的时间分配还是很重要的。经过谨慎的思考之后,她决定取消环境科学课程。这是她第一次取消课程。本来还担心老师会不高兴,准备了很多理由去解释,但是当她找到老师G先生小心翼翼地说明情况时,G先生不但没有生气,反而表扬了女儿不随波逐流,有自己的主张。而且,G先生还给女儿讲了自己上学时取消课程到处旅行的故事。后来,女儿和G先生成了经常聊天的朋友。

当然,这些都是意外的收获,上学没有心理负担才是最令人开心的。我发现,美国有不少老师都很爱和学生聊天,也很爱讲自己的故事。

女儿要提前一年高中毕业的想法,在校长斯科特和教导主任诺曼看来是不切实际的,因为学校更希望她能多学习一些知识,而且以她全A的成绩及美国荣誉协会会员的身份,可以拿到一些大学的全额奖学金上大学。此外,学校也不想过早地失去这么优秀的学生,毕竟女儿在校期间是历年新年晚会的总策划、总导演及主持人。不过,女儿不仅有明确的学习方向,还有自己的时间计划。经过她不懈的努力,终于如愿提前毕业并进入理想的大学。这次是斯科特校长被震撼了,她对这个中国小姑娘刮目相看,还专门为我们的书《与你一起的日子才叫时光》写推荐序,表达对这个有着独立见解的学生的欣赏。

女儿的思想随着年龄的增长越来越独立。

在她17岁时,有一天,她说:"妈妈,我想驾驶帆船环游世界！"我很惊讶，没想到她人小梦想挺大啊！不过，她之前从来都没有接触过帆船，会不会有危险？我想了想，问了她一个问题："你为什么会有这样的想法呢？"她一本正经地说："能驾驶帆船环游世界多酷啊！"说着，她还拿出了一张帆船航海的精美海报给我看。然后，又举起几本厚厚的书：《白鲸记》《老人与海》等很多文学作品中，都记录了主人公在海上历险的故事。海明威也是我最喜欢的作者，他的一生都很传奇。"看来，女儿是被这些文学作品洗脑了。不过，她能有自己独立的想法还是值得肯定的。我又问她："那你觉得你有了这个想法，应该具备什么样的条件呢？"她边从椅子上站起来边说："我觉得我应该先学会驾驶帆船！这是最基本的技能了。"看来，她挺清楚自己要做哪些事情的，我又问："那你有什么计划吗？"她走到我面前，把手搭在我的肩膀上（这时的女儿身高175厘米，我160厘米），说："妈妈，我发现离咱们家开车两个小时的地方就有一所帆船驾驶学校，我联系了那里的麦克教练，他答应教我。我看了一下日历，期末考完试正好有三天时间去学习基础驾驶课程。"好家伙，原来她是都安排完了，只是通知我一下啊！我挺开心，因为她在跟我讨论之前，自己已经有过独立的思考，并且制订了详细的计划。看来，我作为曾经的企业管理者的那些潜移默化的管理技能没白费啊！我一边把手搭在女儿腰上，一边兴致勃勃地说："那我也想了解一下你说的情况，如果可以，我就跟你一起去学习。"女儿一听更来劲了，拉着我坐到电脑前，兴奋地向我介绍。

　　从小到大，她都会把我当作玩伴，在溜冰场喊着"妈妈，快来跟我一起滑冰"；在游泳馆叫着"妈妈，快来跟我一起游泳"；在游乐场嚷着"妈妈，快来跟我一起坐过山车吧"……我每次都欣然接受，从不让女儿失望，我们的关系像闺密一样，就这样一起玩着长大。

后来，我跟她一起驾驶帆船在海上连续航行了五天四夜，并将其作为给女儿18岁的成人礼。这一系列操作后汇聚的勇气和能力，成了她日后在疫情之下的纽约、在各种动荡状态中能独自生活下来的底气和力量。

我对孩子不设限，只要是法律法规、道德允许的，我都支持她去尝试。我觉得，**不应让父母的认知成为孩子发展的天花板，孩子比我们想象的更有能力**。因此，我教育孩子的方式就是——随她去吧。

◉ 我的教育手记

父母都希望孩子从小能够见多识广、博学多才，长大了有能力去选择自己想要的人生。出国留学只是其中的一条途径，而不是唯一的选择。我身边也有到了国外后因各方面不适应而回国的孩子，还有很多从公立学校考入国内名校并有很好的前途的孩子，这些都要看他们自己更适合什么样的环境而去选择。

父母应将目光放长远，不要只盯着文化课和考试成绩，培养一个身体健康、人格健全的孩子才是更重要的。其实，每个孩子都很优秀，让他们按照自己的特点去生活，这个世界才能丰富多彩。

不少人都问过我："如果折腾了好几年，到头来孩子没有考上好大学，你会遗憾吗？"其实，在我眼里，对于"成功"的评判标准并不是女儿上了什么样的学校，而是她是否真的能看清楚自己，并有能力选择自己想过的生活。

这几年，我带孩子去旅行、去看世界，各地的美景、美食、人文，让我们的心胸放大、眼界放宽，也让我们更加随缘、不再执着，这样一来，很多结果反倒自然而然地浮现出来了。因此，我也一直坚持一个观点：当你放下对孩子的期望时，孩子才有了希望。

◎肖静母女航海合影留念。
该图片由肖静提供。

当然，没有人从一开始就是育儿专家，我们都抱怨过孩子的麻烦，都会为孩子的不听话而感到头疼，都会因工作很忙对孩子缺少陪伴而感到遗憾。不过，这些都不影响父母有一颗爱学习的心，以及愿意与孩子交朋友的态度。当你真正去了解每个年龄段的孩子的生长特点和心理特点，去聆听他每一句话背后没有说出的意思，去相信他、尊重他的每一个选择，愿意平等地对待他、支持他时，就是最大限度地为他赋能。父母的格局，才是孩子的起跑线。

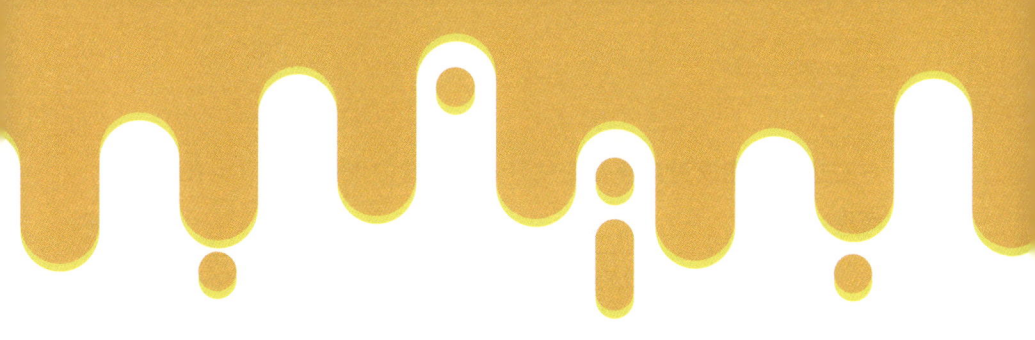

第四项修炼案例：
构建高情商家庭

杨澜的分享：如何做有格局的父母

杨澜是我国著名主持人、传媒企业家，是"国民女神"一般的存在。在这些耀眼的光环之外，她还是两个孩子的母亲。她的大儿子如今也正在她的母校哥伦比亚大学就读。杨澜不仅在事业上成功，在子女教育上也智慧通达。

以下是杨澜关于"如何做有格局的父母"的思考与分享。

我们生活在一个知识快速迭代的时代，这个时代中的各种专业知识与技能都在爆炸式地发展，我们必须养成终身学习的习惯。那么，就我们如何做父母这件事来说，是不是也需要终身学习呢？还是仅仅依靠我们的本能就够了，或者只需要一次学习就可以受用终生？

我想，我们同样需要一直不断地学习，甚至是与孩子相互学习，只有这样才能成为足够好的父母,这是身为现代父母应该有的基本态度。

有的人会说:我们的祖辈或者父母辈,可能生了七八个孩子,不是也带大了吗?可是,那时孩子都是散养的,父母可能不是不想管,而是根本就管不过来。

现在,我们能够了解孩子在什么时候能发展出运动的能力,什么时候能发展出语言的能力,情感的成长在哪个阶段最重要,什么时候社交会成为孩子最大的困扰……当我们了解得越多,对孩子的成长规律有了越多的认知,就越有可能成为更好的父母。此外,这些知识也可以帮助我们更好地安排自己的时间,更有针对性地去陪伴孩子。

从心理学的角度来说,每个孩子在出生时都带有自己的精神胚胎。同样的父母,在同样的生长环境中,孩子们形成的性格却可能是截然不同的。同样的基因也会有不同的演变,因此要接受每个孩子都有自己与众不同的精神特质。孩子的成长过程可分为两个部分,既有自然的部分,也有教育的部分,而我们作为父母很有幸在这两个部分都会对孩子产生重要影响。

做父母要有格局。父母既要让孩子在身体上健康地发育和成长,给他们提供吃穿用度,供他们上学,更要在精神上陪伴和引导孩子。

做父母的都知道,孩子观察我们的言行,要比听我们的说教更多。很多父母可能自己完全没有读书的习惯,整天搓麻将、刷视频、打游戏,却催促孩子回房间里读书。这时,孩子会心怀委屈和不甘,他会在心里犯嘀咕:"为什么爸爸妈妈不去学习,而让我去学习呢?"他对学习的兴趣自然也会降低。

这说明，父母有什么样的人生格局，有什么样的人生态度，有什么样的生活方式，会让孩子耳濡目染，对他们产生最深刻的影响，甚至会影响他们将来在婚恋过程中去复制这种亲子关系。我就听过这样一种说法："任何恋爱都是亲子关系的某种复制。"

可见，父母如何在孩子面前展现自己，父母有什么样的生活态度，就尤为关键。

很多父母都有送孩子出国留学的打算，这样的父母通常都应该知道：国外的中小学在接收留学的孩子时，不仅会面试孩子，还会面试父母。有时，父母的急功近利，或者是一些三观不正的表现会让学校给孩子减分。因为在他们看来，如果一个家庭的价值观是扭曲的、狭隘的，那么学校对孩子的影响就会受到很大限制。因此，父母的格局与人生态度，对于孩子能否进入那些好学校也十分关键。

讲到父母的格局，我想用四个问题来诠释。这些问题都是父母在教育孩子的同时也要不时地问一下自己的。

第一，你打算怎么度过这仅有一次的自由而珍贵的一生？

据说这是印在哈佛大学毕业生纪念簿上的一句话，目的是让这些年轻人在即将踏入社会时重新思考人生的目的，让他们所做的一切都更有方向感，不会轻易地迷失。其实，在我国的教育体系里是很少会问孩子这样的问题的。父母在其成长过程中，也缺少这样的扪心自问。

如果身为父母的我们都对这个问题稀里糊涂的，就很难让孩子去理解，我们所有的努力、所有的学习、所有的用功，到底是为了什么。这是我们在问孩子之前，必须自问自答的一个问题。

曾有一项网络调查，请大家给"还没有生下你的、20岁左右的妈妈"留言，点赞和转发量最高的留言大概都是这样的：

妈妈，我知道你怀了我，但是请你不要因此而中断自己的学习，哪怕这意味着今天的我并不存在！

妈妈，不要嫁给我爸爸！不要满足于这个小镇的生活，你值得拥有更大的世界！

这些留言都非常有"自我牺牲精神"，很感人。最近还有不少写给退休后的父母的留言：

你不必帮我带孩子，你应该去旅行，去那些你年轻时梦想过但没来得及去的地方，你应该有属于自己的生活——更精彩的生活。

所有这些分享都体现了一种社会思潮的改变，以及对于社会角色设定的转变。那些一生疲于奔命、一切为了家庭、一心为了孩子的父母，其实反倒会给孩子带来过多的精神压力。

第二，孩子是谁的？

面对这个问题，很多父母会说，孩子是我生的，当然是我的呀！然而，孩子真的是你的吗？

其实，在这个世界上，为人父母的成功与其他成功最大的不同就是，其他成功都意味着你占有或者持续地占有某些资源，但是为人父母的成功却是让孩子有一天可以成功地离开我们。因此，从某种意义上来说，孩子属于他自己，他是上天赐予的礼物，他通过我们来到这个世界，但是并不真正属于我们。

在黎巴嫩诗人纪伯伦写过的《致孩子》一诗中，有这样的几句：

你的儿女，是生命对于自身渴望而诞生的孩子

你可以给予他们的是你的爱，却不是你的思想

因为他们有自己的思想

你可以庇护他们的身体，却不是他们的灵魂

因为他们的灵魂属于明天，你做梦也无法到达的明天……

在这首诗的最后，纪伯伦写道：

孩子就像是一支远远射出去的箭，奔向自己的靶心

而父母则像张开的弓，把孩子目送出去

而上帝既爱射出去的箭，也爱张开的弓……

我们回答了以上两个问题，其实也就找到了**"父母的格局"的核心之处，那就是我们应如何看待孩子，又应如何看待自己**。当我们知道我们的人生是要自己负责的时候，就减轻了孩子要代我们去实现人生理想的那种压力，同时也会尊重他们作为独立个体自由选择的权利，这在他们成为青少年后会显得格外重要。那种无视孩子的隐私、认为"孩子的一切都是自己给的，孩子就应该完全听自己的话，否则就是不孝"的想法，其实是父母们的烦恼之源。

下面两个问题也很重要。

第三，你愿意帮助他人改善世界吗？

我们听说过这样一些例子，有的中国孩子到美国好的私立学校去面试，当老师问"你为什么这么用功地学习"时，孩子就把平时父母说的话原封不动地搬出来，说"因为我想要出人头地""因为我想在某一天给父母买栋大房子"等。这些理由不能说不真实、不自然，但是在老师听来，就会觉得孩子的功利心太强。如果孩子只是为了让自

己和家庭的物质条件有更进一步的改善而努力，却对这个世界缺少精神上的关照和担当，那么他的学习动机和能力就会遭到怀疑。

第四，你怎么看待竞争？

如果别人比你更优秀，那么你会在孩子面前说这个人的坏话吗？你是怎么看待竞争的？

如今孩子往往是在非常大的竞争压力下长大的，从学龄前到上小学、中学、大学，再到将来参加工作，很多父母常常习惯于拿孩子去跟别人家的孩子对比。在他们看来，别人家的孩子总是学习成绩更好、更乖，各方面能力都更出众等，在无形中就会把孩子卷入各方面都要与别人攀比的心理状态中。这是一种很狭隘的格局和心态，会不断地给孩子的人生带来烦恼。

当别人比你优秀的时候，你可以欣赏对方，为他加油，向他学习。只有父母以身作则，养成这样一种开阔的心态，才能去要求孩子。如果父母对在某次考试中成绩比自己孩子优秀的孩子说一些"酸话"，那么不仅无法刺激孩子更努力，还会破坏孩子们之间的友谊。

社会上会有很多竞争，孩子也经常要面对别人比自己优秀的情况，因此，用一颗平常心去看待别人的成功和自己的挫折，不仅是一种非常重要的情感适应能力，也是一种重要的抗挫折能力。很多父母都没有意识到自己对孩子的苛责以及在背后对其他人酸溜溜的评论，其实都会毒害自己孩子的心理。

还有一些问题也是父母可以问自己的：

- 我对知识是否怀有好奇心，并且在不断地学习？

- 我是否有独立的思考能力，而不是人云亦云？
- 如果我犯了错误，那我敢于承认吗？
- 我愿意和孩子一起学习吗？
- 在面对困难的时候，我是干脆就放弃，还是尝试着进行各种努力呢？

孩子非常聪明，父母如何回答上述问题以及如何实践，他们都是心明眼亮的。将来他们要么有样学样，不会在乎你怎么说，而是照搬你的做法；要么在某个阶段，当你再来教育他时，他可能会反驳你："你自己都做不到，为什么要来教训我！"

我的一个好朋友——著名作曲家谭盾的夫人黄静洁女士，她在教育孩子的过程中有一件事让我很感慨。当她的两个孩子都还在上学阶段时，有一次，她鼓励孩子们独立做出旅行计划。当到达某地后，他们看地图觉得路程不长，就决定拉着母亲从 A 站走到 B 站，但是真正走起来后，他们才发觉地图上的一小段路在现实中却要走好久，加上母亲的膝盖又不好，所以孩子们走到最后，又累又困，还对母亲充满了歉疚。

这时，黄静洁的做法是，既没有在孩子做计划的时候大包大揽，收回孩子们的决定权，也没有在真正旅行时不去执行孩子们的计划。虽然她的膝盖不好，走的过程相当辛苦，但还是按照孩子们的计划走了下去。这样，孩子们就能从中感悟到很多东西，下次再做旅行计划时就会有更多的考虑，让计划更为合理。

我想说，作为一个母亲，黄静洁无疑是非常有智慧的。她的格局和她的眼界让她不急于替孩子们做决定，而是允许孩子们去犯错，让他们从错误中去进行有真实代价的学习。在这个过程中，她始终陪伴着孩子们，让他们感觉到有爱的力量在陪伴他们成长。

几年前，我曾做过一次演讲，题目是《别把所有的劲儿都放在孩子身上》。我想说的是，作为父母，我们个人的价值观，我们对于自己人生的期许和努力，对孩子来说是非常重要的情感力量和心灵力量，会激发他们的潜能，让他们在成长过程中不断前行。同时，我们也要让孩子知道，无论何时，人都要首先对自己的生命负责。

另外，父母之间的关系，也就是夫妻关系，是应该优先于亲子关系的。因为孩子们会长大，会独立，会离开家，但是夫妻关系却是要一直维护下去的。

你也许会说，如果让孩子知道他跟母亲之间的关系不是最重要的，那么他的心灵会不会受到伤害？

请放心，只要你的爱在那里，你的孩子就可以感受得到。不过，在孩子慢慢长大之后，你要让他知道，母亲的人生也是首先要对自己负责任的。同时，父母之间的关系是优先于亲子关系的。我觉得这对孩子树立健康的婚恋观和拥有自我负责的人生态度也是非常重要的。这一点往往在中国父母的身上也是比较匮乏的，因为我们毫无保留的付出和牺牲，我们毫无保留的爱，常常是以让孩子满足我们自己的期待作为回报的——这样的关系不是一种现代的、健康的亲子关系。

要做有爱的父母，同时也要做有格局的父母。

只有我们不断地拓展自己的人生格局，孩子才会沿着我们的人生轨迹获得更好的成长，更好地去适应这个社会，拥有更具幸福感的充实的人生。①

敬一丹的故事：跟着妈妈学当妈

中央电视台前著名主持人敬一丹，在央视工作了二十几年，一直以严肃而端庄的形象示人。很多人好奇：她作为母亲、作为女儿又会是一个什么样的形象呢？我和她曾在少年演说家潜能开发营里相遇，我发现她不仅是一位非常有耐心的导师，还是一位非常爱学习的母亲。

以下为敬一丹的分享。

小时候，我一直觉得母亲特别严厉。人们常以"慈母"这个字眼来形容母亲，可是我小的时候觉得我的母亲是位严母，我们四个孩子都挺害怕她的。然而，长大以后，我慢慢开始觉得母亲真是教子有方。尤其在我当了母亲以后，总在不经意间琢磨她是如何当母亲的。

● 第一学期养成好习惯

比如，孩子上学是一件大事。对于我们家的前三个孩子（包括我的姐姐、我和弟弟），我的母亲都有一个习惯，那就是，在上学的第一天，手拉手把孩子送到学校，然后在第一学期对我们严加管教，让我们养成良好的学习习惯。用母亲的话说就是，第一学期养成好习

---

① 在问校友家长学院V课堂，杨澜还在现场与父母有更多互动问答，如"你会因为工作太忙，不能陪伴孩子而感到内疚吗""孩子花太多时间玩游戏，怎么办"等。请登录问校友家长学院，聆听杨澜的更多经验分享。

惯，以后基本上就不用管了。

的确，孩子一旦在第一学期养成了好习惯，父母就不用天天陪着、看着他们写作业了。如今，有很多年轻的父母在陪孩子写作业时都感觉特别难，极其挑战耐心，甚至全家齐上阵。其实，我特别不能理解为什么孩子写作业成了令千家万户发愁的事。我记得母亲那时特别在意培养我们的学习习惯，所以我们都是回家后立刻写作业，写完再做其他的事情。那时，写作业就是学生自己的事情，不像现在，父母成了学生的助教。

母亲在引导我们学习上还有一个方法，那就是她特别善于树立榜样。这个榜样就是我的姐姐。自我和弟弟上学起，母亲就一直跟我们说，你们的姐姐学习如何好，如何连续很多次获得全班乃至全年级第一名。每当姐姐获得第一名时，母亲都会给她买一份礼物作为奖励。我记得，有一次母亲带着我去给姐姐买奖品，我特别羡慕，心想：什么时候我也能像姐姐那样获得奖品呢？现在想来，当初母亲是不是有意带我去的呢？总之，那个时候有姐姐作为榜样，我们也会更加努力。

在对女儿的教育上，我认为我做得最正确的一点，就是给她很大的空间。在她年幼时，我就希望她能成为一个有自主能力的人，我经常对她说的一句话就是"你自己决定"，所以在她很小的时候，我就给她很多让她自己做决定的机会，比如穿什么衣服等。即使女儿来询问我的建议，我也还是会把决定权交还给她。越独立越自信，女儿后来成为中国第一位极地导游，我为她骄傲。看到她独立面对所有困难，我感觉自己完全用不着为她的未来担心。

如今，有很多父母会选择送孩子出国留学，但又免不了为孩子担心。其实，要不要选择送孩子出国留学，我觉得还要因人而异。有的孩子自己有这种强烈的愿望，有的孩子则没有这种想法；有的孩子出国后适应良好，有的孩子则极其不适应。对我来说，我觉得出国留学的最大收获就是，能让孩子拓宽视野，进而获得一种非常重要的看世界的参照。这样他们在以后做选择、做判断时，就不会再坐井观天。

然而，相比母亲对我的引导，我觉得我对女儿的教育最遗憾的一点是没有很好地开发她的潜能。虽然我给了她很大的空间，但如果那种有意的引导能多一点就好了。比如，让她的兴趣更广泛，接受更多艺术的熏陶。现在我回想起来，觉得那时我做的还是不够。

那年那信

母亲特别喜欢写信，她也有意识地培养孩子们写信。当她给我父亲写信的时候，她就会叫来我们，说"给爸爸写一句"，幼小的孩子不会写字，就画一幅画。慢慢地，大大小小的孩子就都习惯了用写信的方式来表达。我觉得，母亲不仅让我们养成了用笔表达的习惯，也培养了亲人之间的情感交流。母亲特别珍惜家人之间的信件。她退休后，整理了这些家信。从1950年到2018年，我们的家信有1700多封，母亲对这些信件进行了初步的编辑，然后编成了一本可供家庭成员翻阅的书信集，后来我又在母亲编辑的基础上将其编成了一本书——《那年那信》。从母亲珍藏这些信件的行为就可以看出，她特别珍惜用文字的方式记录孩子们的成长过程，特别珍惜家人之间的情感交流，也特别珍惜孩子们慢慢长大后深度的思想沟通。因此，每当面对这些信件时，我们都会觉得，这是母亲留给我们的最宝贵的东西。

当我重读这些信时,我发现了它们的价值,不仅仅在我们这个小家,千家万户都曾有过信件,且人们在信里的表达往往都是非常真实、非常及时的。很多年以后回头看,这不仅是个体的记忆,还是千家万户的记忆的碎片,而把这些碎片拼起来,就可以了解社会。

◐ 缝衣服的智慧

我们家留存的这些信件也让我回想起很多往事。比如,小时候,母亲给我和姐姐每人发了一小块布,布上绷着一些补丁,还有几颗扣子,然后教我们做针线活。那时,我们觉得这就像玩一样,可能就是做手工。不过,母亲对我们说:"享福不用学,吃苦是要学的,女孩都要学会做针线活,男孩也要学会做针线活。"于是,我和姐姐就用这块布学会了补补丁、钉扣子。那时,我们觉得像玩一样学会了做针线活,并没有想到将来会在什么地方用到它。

几年后,我的父母分别去了干校、学习班,没想到我们当年学的针线活派上了用场。当时是紧缺经济、票证经济,布票非常珍贵。学会做针线活,在那时成了刚需。因此,那时我经常做的一件事,就是给我的两个弟弟补衣服、缝扣子。那时,我便体会到了母亲的目光远大,她在孩子小的时候就从这样点点滴滴的小事入手,让我们为未来的生活做准备。她曾说"享福不用学,吃苦是要学的",真到了要吃苦的时候,我们已经做好了准备,因此不会在遭遇突如其来的困难时惊慌失措,而是能够平静从容地面对。

记得有一次我给弟弟补裤子时,补丁太厚了,于是我使劲地推裤子,结果缝纫机针"咔嚓"一声,把我的手指刺穿了。当时我有点懵，就赶紧叫来母亲。母亲过来以后，把缝纫机针抽了出来。这时，我看到有一滴血从指甲上冒出来，像一颗红珍珠。我坐在缝纫机前看着自己的手指，等着母亲的安抚。然而，母亲却叫来了我的两个弟弟，对他们说："你们两个看看，你二姐比你们大不了多少，她为了帮助我照顾你们，给你们补裤子，把手都给扎穿了。你们听着，你们长大了要是对二姐不好，可就丧良心了。"听到母亲这么说，我心想：帮助母亲给弟弟补裤子、照顾家庭，都是我应该做的，而且我还能做得更好。

试想，假如当时母亲不是这样表达，而是一把抱住我说"可怜的孩子"，我会怎样？我会觉得委屈，会哭。可是母亲不让我感觉委屈，不让我哭，而是采取另一种方式来给予我肯定和鼓励，并顺便教育了我的两个弟弟，使得我们姐弟之间的感情更亲密了。我在成年后回想起这个情景时，更是佩服母亲的智慧，我觉得她真的是教子有方。仅仅这一个细节就可以看出她的用心，它使得我们姐弟几个在那样的岁月里，能够在多子女的家庭中保有积极的心态。

◐ 手足情深

父母还要让兄弟姐妹之间形成一种亲密的关系，珍惜手足之情。母亲在这方面就特别有智慧，她通常会这样做：对我弟弟说，你看姐姐为家里做了什么什么事，在外面又是个好学生；她还会对姐姐说，你看弟弟多有孝心、多细心，他为家里做了什么什么事。这样，我们兄弟姐妹之间就形成了一种非常友善、互相欣赏的氛围。

当我小弟去当兵的时候，母亲要求我们经常给他写信。我还记得当时母亲在信中叮嘱我："你要经常给你小弟写信，他不回信，你也要坚持写。他年纪那么小，刚当兵，又想家，面对新环境，还会遇到新问题，所以特别希望哥哥姐姐们经常跟他联系。"于是，我们就按照母亲的要求，不断地给我小弟写信。如今回顾我当时给小弟写的信，我不仅像个姐姐，更像个小指导员，事无巨细，并把我所能明白的、所能讲的那些道理都讲给他听。为什么要这样做呢？就因为这是母亲要求我们这样做的。因此，现在我们兄弟姐妹之间还一直保持着特别亲密的关系，这和从小母亲对我们的培养是分不开的。

● 精神的力量

母亲对我们精神上的影响一直在持续，即使我们已长大成人、各自成家，但她强大的精神力量仍在影响着我们。比如，我到中年时，有一天对着镜子说："脸上都有皱纹了。"站在我身后的母亲说："老有老的美，少有少的美。"这句话一下子点醒了我。的确，尽管我已人到中年，但是如果特别在意脸上的皱纹、在意形象，就会让我找不到自己应有的感觉。再如，当姐姐退休时，母亲给她写了一封长信，她启发姐姐，人的角色变了，和周围的关系也变了，此时应该如何调整心态，应该如何处理和新环境的关系等。当时，这封信在姐姐那些同龄的朋友中流传，大家都说："你的母亲太有精神的力量了！"

我的家是一个大家庭，四世同堂，每当孩子们遭遇大事的时候，母亲都会用其特殊的方式去表达——写一封信。在这些信里，你可以看出一位母亲的感情，看出母亲的用心。每当我们选择一份新工作或者上学、成家、当了母亲时，总能得到她的指点。

母亲有一句话对我特别有启发意义："**孩子和母亲的感情是天然的，孩子和父亲之间的感情是母亲培养出来的。**"我仔细琢磨，觉得这句话特别有道理。母亲就是这样做的，她经常和我们说，父亲终日手不释卷，很有学问，是一本活字典，堪称她的老师。父母步入晚年以后，每当家庭聚会，母亲必定要当着所有孩子的面夸一夸父亲，这样就在家里形成了一种气氛——大家对父亲既敬又爱。母亲在晚年时成了一个"微信控"，她特别喜欢用微信和孩子们交流。她是我们的群主，是我们精神凝聚的核心。在她生命最后的日子里，她的热情、她阳光般的性格都给我们带来了一种特殊的精神力量，这种精神力量还将在我们的生命中延续。

周天歌的故事：如何让孩子快乐学音乐

周天歌是青年作曲家，在美国获得了音乐博士学位。在《一站到底》世界名校争霸赛中，作为耶鲁大学战队的一员，她那仅凭裸耳就可以将交响乐中所使用的乐器、乐谱默写下来的神奇本领，令人叹为观止。她的音乐天赋是哪里来的？她自幼学习音乐时父母是如何引导的？她在学习音乐的过程中经历过哪些酸甜苦辣？

以下是她的分享。

我的父亲是一位演员，虽然他自己工作很忙，但是对我的教育却是费尽了心机。和很多小朋友一样，我也是从四岁开始学钢琴的，但可能稍有不同的是，我是被父亲"忽悠"上道的。

这个"忽悠"非常有趣。也可以说，父母为了让我"喜欢"上钢琴费尽了心机。在我三岁时，父亲给我听了一些钢琴曲，让我对钢琴产生了浓厚的兴趣。然而，1993年时钢琴还是一个奢侈品，父母并不能判断出我是一时心血来潮还是真的喜欢，于是父亲严肃地问我："学钢琴这件事情是一个很重要的决定，你能否对你所做出的决定负责？如果你三天打鱼两天晒网，或者只图一时新鲜，就毫无意义。"三岁的我学琴心切，就保证说我可以为我的行为负责。父亲答应后，我开心极了——不仅因为可以弹钢琴，还因为我感觉自己被当成一个大人对待了。

◎周天歌幼时与父亲合影。
该图片由周天歌提供。

随后，父亲买回了钢琴，却不让我碰。他有时会弹几首曲子逗我开心，弹完后就立刻将钢琴锁上，这更让我心痒难耐了。直到1994年春节期间，我申请能不能摸一下钢琴，他答应了，然后握着我的手摁了几个黑白键，然后就又把琴关上了。这种"欲擒故纵"一直持续到我四岁半，那时我才真正开始被放开，真正开始触碰钢琴。那时，钢琴对我的意义已不再只是一个能发出声音的玩具，而是父亲给我的最高奖赏。

开始学钢琴后，我表现得很乖，无论开心不开心，我都会弹琴。然而，当院子里的小朋友在外面玩耍时，我就会心不在焉，心想："为什么别的小朋友可以出去玩，而我只能在屋里练琴呢？"这时，母亲发现了我不能投入练琴，便走到我身边，说了一句影响了我一辈子的话。她说："如果你现在跟他们去院子里玩，那么你一辈子都会在这个院子里，但如果你在他们玩时做一些更有价值的事情，你就可以走遍世界！"这句话给我带来了很大的震撼，我开始相信我现在吃的苦都是有意义的，就是为了能让我走遍世界。

我的手比同龄的孩子的小，因此经常会被质疑是否适合弹琴。事实证明，这并不会构成一个限制因素，因为世上有成千上万首音乐作品，总有一些是适合小手弹奏的。而且我一直都没有想过要去做一位钢琴家，与弹琴相比，我对作曲更感兴趣。我在九岁左右时就已明确了这一点，并且非常严肃地告诉了家人。

关于我学琴过程中的很多细节都被父母记录了下来，比如，第一次作曲、第一次摸钢琴、第一次练琴。父母在装修房子时还给我搭了一个舞台，让我在舞台上演奏，这让我每次弹琴时都很有仪式感。仪式感对于小孩子来说真的太重要了。有时我弹奏曲子时，他俩还会在旁边伴乐跳舞，这让我意识到音乐能给人带来快乐，也让我非常有成就感。原本平凡无奇的生活，也因为有了音乐的伴奏而变得熠熠生辉。在我长大后，我仍时常想起这些家人幸福地在一起的场景。

慢慢地，我也意识到我的爱和快乐不仅来自音乐本身，更重要的是来自父母的支持、关爱以及平等相待的欣赏，这让我觉得我是一个真正的大人。当我九岁向他们宣布我不要成为钢琴家，而要成为作曲家时，他们虽然诧异，但并没有反对。父母严肃地问我为什么，我说："弹钢琴有什么意思？一辈子都弹别人的东西。"在那样的年纪说出这样的话，在别人看来可能是好高骛远或是一时玩笑，但我的父母对此非常慎重，并细心地呵护了我的这个梦想。

我能及早树立清晰的目标，应该归功于我的家人。我的爷爷是上海戏剧学院的第一届毕业生，学的是导演专业。在我认字之前，他就给我讲完了莎士比亚的悲剧全集。我在很小的时候就跟母亲一起读名著，亲子共读、共同交流的体验非常好。我在家里被当成大人看待，我可以说不，可以提出自己的想法。在我家里没有争吵，只有据理力争的辩论。

父母支持我学习音乐，并不担心这会影响我的学习成绩，因为从我的成绩单来看，学习音乐是大有裨益的。学音乐的孩子需要很高的专注度，演奏时需要一心一意，稍不留神就会弹错音，因此关于专注度的训练较多。这种训练也自然迁移到了我的学习上，物理、化学、生物这些科目我都学得很好，甚至还计划参加全国竞赛，以保送上重点中学。

我在中学时的成绩很好，按照正常发展，是可以考上一所重点高中，之后再考取一所好大学的。不过，我为了继续学习音乐，就退学去北京拜师学艺。当时面临的质疑很多，别人会说"你成绩那么好，干吗要去学艺术啊"。我认为，要想真正学好艺术，学习成绩也不能差，这都是一个人学习能力的体现。

刚到北京的时候，我们的日子过得很苦，因为距离老师的家很远，我和母亲每次都是用三个半小时到老师家，上 45 分钟的课，再花三个半小时回家。这样奔波了一年多。我们风雨无阻，为了换乘公交车，我们曾在雪地里足足等了 40 分钟，冻得瑟瑟发抖。为此，母亲还挑战自我，学会了开车。可以说，每一个学音乐的孩子背后都有一对辛苦付出的父母。

之后，我开始申请留学。我演奏自己写的乐谱并录制成 CD，连同个人材料一起寄给美国的音乐学院，之后又去美国参加了面试，并顺利被曼哈顿音乐学院录取。在这里我想特别强调一点，申请材料中的自我介绍部分非常重要，这可能直接关系到以后的奖学金。

当时曼哈顿音乐学院的作曲专业在全球只招生两个人，非常巧合的是当时录取的另外一名学生也是中国女孩。学校有很多演出的机会，学生们经常会去卡内基音乐厅、林肯中心等地方演出，老师通常都是纽约爱乐乐团的首席，可以说资源非常丰富。这里我帮大家普及一下美国的音乐学校。演奏方面，美国最好的学校是位于费城的著名的柯丽斯音乐学院，郎朗就是从那里毕业的。其次是茱莉亚音乐学院、新英格兰音乐学院，曼哈顿音乐学院、伊斯曼音乐学院等也很不错。美国东海岸的音乐学院整体来说历史比较悠久。

在这些年漫长的学音乐之旅中，我有几个深刻的体会。首先，在学习音乐方面，我觉得，与其靠别的力量逼迫自己做，不如自己找一个坚持下去的理由。毕竟，学音乐是很辛苦的，需要一些推力。有三个问题我觉得很重要，每一个学琴的孩子都应该想一下：（1）音乐是什么？（2）音乐对于自己是什么？（3）你能用音乐做什么？

关于这三个问题，每个人可能都会有自己的回答。对我而言，音乐是一种比语言更精准的表达方式。我们家是搞戏剧的，家人特别希望我能够往文学方向发展，但对我来说，当语言枯竭时，还有音乐的康庄大道可以继续走下去。音乐可以更准确地捕捉人性中很多细枝末节的、微妙的东西，这是我很喜欢的。

音乐对我来说，就是我的生活方式，它同样关联着我的世界观和价值观。我在耶鲁大学学习的时候，我也会选修商学院、法学院、建筑学院的课程，看似不务正业，实则是为了丰富自己，以做出更好的乐曲。

能用音乐做什么呢？除了为音乐而音乐，它还可以用来做一些非常实用的事情。比如，我在纽约参与过为自闭症儿童举办的慈善活动，我没有为他们捐款，而是教他们一技之长。开始时，我教他们哼歌、唱歌，渐渐地，他们开始了即兴创作。我发现他们有很高的音乐天赋。去年，我做过一个作品，后来在南加州上演。我在美国采访了100位受暴力侵犯的女性，以第一人称把她们的故事讲出来，配上音乐，做成了一个单人音乐戏剧。作品的冲击力很强，演出效果也很棒。最让我感动的是，几个月后我收到了一名华裔学生的致谢信，她说我的演出把她从自杀的边缘拉了回来。这让我感受到了艺术的价值——做艺术就是在帮助别人、改善生活，这也让我感到非常满足。

在音乐的功用方面，练习使用左手可以提高智商，使人思维敏捷等；音乐是社交的一种途径，可以使一个人的人生更丰富。一个更丰富的人，才能遇到更美好、更丰富的别人。**音乐不是用来装点履历的，而是用来点亮生命的。音乐不是用来懂的，而是用来体验的**。从哲学意义上来讲，我也不懂音乐，可能在生命的最后一刻我才能参悟音乐到底是什么，但是在真正参悟之前，我认为音乐是对生命的一个陪伴和答复。

因此，我想对打算让孩子学习音乐、走音乐这条路的父母说，如果你的孩子对音乐非常感兴趣，请一定要耐心呵护他的梦想，至少应该给他一个不后悔的童年。音乐在点亮一个梦想的同时，也会点亮更多的生命。

第五项修炼案例：
规划与执行

宋丹琦的故事：做对三件事，我把孩子送进了哈佛大学

丹琦是我的大学同学，十几年后我欣闻她不仅事业有成，还把儿子戈登送进了哈佛大学。她的儿子五六岁时我见过，但并没看出孩子有什么过人的天赋。现在哈佛大学的录取率很低，基本上是个位数，但是宋丹琦的儿子不仅申请上了哈佛大学，还收到了一封哈佛大学申请官的亲笔信！哈佛大学到底看上了他哪些优异的品质？让我们通过宋丹琦的分享，了解戈登的成长之路。

坦白讲，我从来没有想过儿子能被哈佛大学录取。因为在我看来，只要适合孩子，那么任何一所大学都是好大学。

我的儿子戈登高中时成绩优异：他就读于美国的一所公立高中，GPA 4.0，加权 GPA 是 5.67，名列全校第一。他选了 19 门 AP 课程，

11门5分,美国历史4分。他还是美国青年交响乐团的小提琴副首席,曾到中国访问演出,由指挥大师夏尔·迪图瓦(Charles Dutoit)担任乐团总指挥;他还演奏过谭盾的一些曲目,《风与鸟的和鸣》是他特地为乐团写的曲子。

不过,他的成绩优异并不是他被哈佛大学录取的主要原因。据我所知,哈佛大学拒绝过很多SAT满分的申请者。哈佛大学更看重一个人的综合素质,比如领导力。戈登在收到录取通知书的一周后,收到了一封录取官的亲笔信:"我有幸读到了你的文章,在众多的成就和奖项之外,你的文章反映了你个性的深邃和美丽,所以希望你能够来哈佛大学。"这是非常难得的荣誉。由此可见,戈登打动申请官的重要一点可能是其写作能力。

◎宋丹琦一家三口合影。
该图片由宋丹琦提供。

◉ 培养孩子的美德

父母要从小培养孩子的美德，如助人为乐、坚忍不拔、诚实等。

戈登从小就喜欢帮别人扶门，然后边扶着门边敬礼。我觉得乐于助人的品质是很重要的。

此外，他不畏艰险，百折不挠，遇到挫折能够迎难而上。有人问我是如何培养他这种韧性和抗挫力的，这是一个很好的问题。我们从小就让孩子从事体育运动，这是一种非常好的锻炼。他在七八岁时参加了铁人三项，包括游泳、跑步和自行车。我记得他曾在一项比赛中得了倒数第三名，可能是因为他那时还有点胖，但我们也很高兴地鼓励他。从此，他便对耐力训练产生了兴趣。我经常有意让他吃些苦头，因此他在很小的时候就被我们送去参加一个类似美国童子军的活动，住在野外的木屋里，没有空调和其他现代化设施，床很窄，他每天都会给我写信。

我是在美国结婚并生孩子的，孩子的前18年都是在美国培养的。美国教育非常注重诚实的品德的培养，这是孩子从小到大就接受的教育，随着年龄的增长，人们越发看重这一点。比如，我的一个在宾夕法尼亚大学读书的朋友，他们在做项目的过程中写报告，发现最后的结果总是不对，后来就干脆将正确的结果抄了上去。结果，老师识破了他们的伎俩，让项目中的全体成员停课一学期。类似这样因学术不端而受到惩戒的例子在美国比比皆是，戈登在哈佛大学上学时老师也是如此要求。这种对诚实的看重，使他们在脑中时刻铭记：在学术上要诚实，不容许任何的投机取巧。

◉ 参与孩子的学习，为孩子付出

戈登从初中到高中的七年时间里，我每天早晨六点半起床，然后开车送孩子上学，风雨无阻。在美国，每天早上开车送孩子上学，不仅是意志力的问题，而且还有着天然的客观难度。尤其是冬天，美国东部有的地区非常冷，大雪封门，有时早晨推开门你会发现车完全被掩埋在雪中，将车开出去需要很长的时间。因此，我们组建了一个互助互惠小组，19位母亲轮流接送孩子，小组长制作了精密的时间表，将节假日、周末除去，剩下的上学日大家轮番上阵，都参与进来。

这对于职场母亲来说，确实有些困难，但我认为父母对孩子的爱是无条件的，不管孩子上什么学，只要他健康快乐就好。我觉得这是最重要的，因此我对他也没有什么要求，从来没说过"你一定要考上哈佛大学"之类的话。孩子将来能考上什么样的学校是无法保证的，与其给孩子、给自己增加压力，不如让孩子放轻松，活出自己的姿态。我们也听闻很多关于大学生抑郁症频发的报道，且因抑郁困扰而自杀的孩子也不在少数。这足以给父母敲响警钟：不要强行给孩子施压，只要他们能尽己所能努力学习，开心地度过大学生活，健康地走向社会，一切就都是值得的。

父母参与孩子的成长和学习很重要，但应该在多大程度上参与、介入呢？我觉得这个度更为重要。

在我看来，父母不要替孩子做任何决定，父母可以提供建议和帮助，但最终怎么做，决定权还在孩子那里。比如，戈登担任美国某青年慈善机构主席，他举办了很多募捐活动。第一次举办活动时他没有经验，约定好时间就自信满满地去了，以为大家都会像之前他在别人家门口卖饼时一样欢迎他。去了之后他才发现，很多人都不愿意募捐。戈登向我求助，我开车带他去一个高档小区，他一家一家地进去问，后来终于找到了一家愿意帮忙的咖啡馆。

在戈登的学习方面，我们也没有过多地参与。从初中到高中，他经历了一个转折期。那时，我们打算让孩子申报美国最好的两所私立高中之一。孩子面试的过程非常顺利，当时我们都认为他一定会被录取，万万没想到的是，我们后来却收到了一封拒绝信。这件事情让戈登很伤心，而且对他和我们父母而言都是一个挫折。这件事情让我深刻地反省了自己——让孩子上美国最好的一所私立高中是我们父母的想法，而非孩子的想法，我们不该给孩子增加不该有的压力，让孩子承受这些不该承受的压力。我想，只要不是孩子自发自愿的事情，就难免会有失败。孩子的未来该如何定义必须由孩子自己来决定，而不能仅凭父母的意志。从此，我调整了在孩子学习方面的参与度，结果"放飞"之后孩子不但没有变差，反而表现得更好了。因此，有时在人生中经历小小的挫折或是阶段性的目标没有实现，也不要着急，这也可能会因祸得福。

我和丈夫在对戈登进行家庭教育的过程中扮演了不同的角色。因为在孩子上高中之前，我的丈夫大多数时间都是在国内做生意，因此其父亲的角色大多数体现在偶尔带他去参加小提琴比赛等方面。这样的分工有利也有弊，但我认为，无论怎么分工，父母两人都要共同配合，无论双方有多大的分歧，在孩子的问题上都要达成一致意见，这都是出于对孩子的爱和支持。

◐ 发掘孩子的天赋

很多人说戈登是一个天才。我所知道的天才三年级就会微积分，而且获得了各种国内、国际大奖。如果按照这个标准来说，戈登就不是天才，只能说他在数学方面挺有天赋。我记得哈佛大学有一位心理学教授曾说，人人都有天赋。父母应顺应孩子的兴趣，这样才能找到孩子的天赋在哪里。因此，帮助孩子去挖掘他的天赋才能，是父母不可推卸的责任。

戈登小时候在声乐和写作方面也体现出了才华。撇开其他方面不说，仅仅在写作方面的才华就一定不是他与生俱来的。写作需要的是什么？不仅需要观察力和感悟力，更重要的是输入量要足够大。戈登不仅狂爱阅读，还很喜欢看经典电影。因此，我认为这些才华都需要后天的栽培与积淀，而非仅靠天赋就能做到脱颖而出。

写作能力其实是可以培养的，比如现在很多学校都开设了创意写作课程，作文开头、结尾、章节的写作都有一定的技巧，情节设置也有模式可循。然而，对生活的观察能力，对他人的共情能力，甚至对写作这种表达方式的态度，虽然可以在后天有意训练，但先天条件却占了很大比重。

在孩子的成长过程中，我们陪他观看了大量的电影。戈登经常会看一些我们认为无趣、复杂、不知所云的电影，还能在电影中体会到我们认为非常婉转、不明所以的感情。对于电影里的桥段和人生哲理，尽管他当时看的时候可能没有消化，但他了解了什么是电影，什么是好片子，获得了教益，这些东西也会成为他人生修养的一部分。父母要注重从小就给孩子提供一些高质量的人文的东西，因为这些不仅能教会孩子热爱生活，还能培养孩子的领悟力。

在戈登小的时候，我带他去哈佛大学看朋友，朋友让他给大家表演一个节目。和别的孩子会表演唱歌或跳舞不同，戈登拿了几张白纸就写起了作文，整整写了两页。看完他写的作文，朋友赞不绝口。他的写作水平确实高于同年龄段的孩子，更让人诧异的是，他竟然会认为写作也是一种表演，我想他一定在写作的过程中体会到了表达的快乐。

戈登之所以能够得到哈佛大学的青睐，除了他乐于助人、学业优异，他在艺术方面尤其是在小提琴演奏方面的表现也很重要。

兴趣是最好的老师。戈登唱歌很好听，也很喜欢音乐，在这方面似乎还有些天赋。他七岁时就自己去申请教堂的儿童合唱团的领唱，并且申请成功，可见孩子对音乐是由衷地热爱。

在培养孩子特长方面，我认为选择合适的老师很重要。戈登的小提琴老师是杜克大学的顾晓梅教授，她当时是我们所在地的最好的老师。那时，戈登上五年级，我们带着他去顾教授家拜师学艺。顾教授一开始没有答应，一是因为她所带的学生通常年龄偏大，二是因为她的学费昂贵，但我厚着脸皮多次带孩子去拜访她，直到她答应教戈登。顾教授非常严厉，她不仅是一位音乐家，还是一位教育家。戈登很乐于接受老师的批评，进步很快。

在此，我想给父母们一个建议：**由于音乐和体育这些东西涉及自律性，因此越早开始越好。**如果孩子从小养成习惯，那么他在成长中去练习就会顺利很多。如果孩子开始得较晚，比如十几岁才开始，可能就需要父母推他一把了。

◉ 关于申请和面试

戈登申请大学的那篇文章，打动了普林斯顿大学、芝加哥大学、斯坦福大学、哈佛大学等好几所大学的申请官。哈佛大学的申请官还寄来一封亲笔信，欢迎戈登去哈佛大学就读。

其实文章并不长，只有几百字。英文题目是"Describe a place, or environment where you are perfectly content. What do you do or experience there, and why it is meaningful to you?"（描述一个你很满意的地方。你在那里经历了什么？那儿为什么对你来说很有意义？）我将他的文章大概翻译了一下，尽管无法百分之百还原原文的语言和风格，但大家可以感受一下：

> 壁炉中的火光映在枫木琴盒的背后，闪动着光芒。在安静的大厅里，即使是最轻柔的音符也好像在重复着无休止的回想。我的伙伴满含期待地望着我。
>
> 小提琴在我的脸颊下，我拉出了第一首曲子，是爱德华·埃尔加的《爱的礼赞》。
>
> 10岁的帕克今天刚刚做完了第10次眼部手术，此时他就坐在几步之外的轮椅里。帕克生长在阿什维尔的小镇上，他每隔几个星期就要来做眼部手术。这个地方——儿童福利院，就是他另外的一个家。
>
> 那天他是我唯一的观众。他问了我许多问题，我向他解释了这支曲子背后的故事，满足了他的好奇心。我告诉他这是爱德华订婚之后写给他未婚妻的，所以需要尽可能拉得很轻柔、很甜蜜、很连贯。帕克坏笑了一下。我手中的木盒究竟能为他做些什

么，我有些怀疑。我感觉自己就像一个大哥哥，拉着帕克的手，一起进入了一个很小的世界！那里没有手术后的痛苦，那里只属于帕克和我。

他从先前的沉默无言中挣脱出来，跟着哼唱起来。当乐曲渐渐加快，他的手上下挥舞，就像一名乐队指挥，隐约还夹杂着几个声音。我们一起向每一个音乐顶点攀登着，直到到达巅峰，那时他几乎快要从轮椅上跳起来了。那一瞬间，我惊喜地看到了他眼中的欢乐，他夸张的造型好像丝毫没有注意到规矩的束缚，他可以看见我的手从琴板上划过，也可以看见我的小指压在琴板上，他听见了和谐的乐声，他真的可以听到、看到、尝到、闻到。帕克体会到了音乐，为帕克演奏让我的表演有了新的意义，那就是用音乐这个天赋来帮助人们康复。

以前我总是对拉错一两个音符无比在乎，但如今看来，这些和我所成就的相比，似乎显得微不足道。这家儿童福利院给了我一种奇特的氛围，让我能够自由地与他人交换想法，无拘无束地与他们和谐相处，避开裁判，避开和声誉、认可捆在一起的干扰。对我来说意义非凡的，不再是门票销售一空的卡内基音乐厅演奏会，而是当一个孩子看见小提琴后他的意识中浮现的东西。给予而非获取，从此成为我作为一名音乐家的使命。

关于面试环节，每个学校都不尽相同，我觉得最大的原则就是让孩子去做自己，充分展现最真实的自己。面试官一般都很忙，他们在面试时手中并没有你申请学校时提供的所有资料，不了解申请人的成绩，不知道申请人取得了哪些成就，他就是作为一个陌生人来跟你打交道的。哈佛大学面试戈登的是一家计算机公司的副总裁，他有很多数学竞赛方面的经验，因此询问了戈登很多与数学相关的信息。面试结束后，面试官就跟戈登说哈佛大学对他来说非常合适。斯坦福大学的面试也给我留下了深刻的印象：面试官是某兽医学校的一位年轻女兽医。面试的过程给人一种两个孩子在聊天的感觉，他们谈了大概一个半小时，特别融洽。

戈登被哈佛大学录取的场景让我们终生难忘。但在那之前，我们都没有预想过，因此也就没有过多期待。那天，我生病躺在床上，当孩子参加一个比赛回来后，我就听到了他局促的脚步声，继而传来他紧张且兴奋的说话声："妈妈，我被录取了。"后来他告诉我，他觉得这个难忘的瞬间其实是他努力的赠品。

戈登被哈佛大学录取之后，很多人都在问我哈佛大学到底录取什么样的学生，我现在的答案是：当你准备好了，就让哈佛大学来找你，而不是你去找哈佛大学。也就是说，你无须奔着上哈佛大学、非哈佛大学不去的目标向前冲，而是首先要把自己打造成一个优秀的人，让哈佛大学来找你。

王馨怡母亲的故事：哈佛大学为何对她如此青睐

她，10岁开始学打高尔夫球，初中就读于人大附中，高中前往美国求学。凭借文化课 GPA 4.9 的高分和美国青少年高尔夫协会（American Junior Golf Association，AJGA）公开赛冠军的头衔，中国姑娘王馨怡于 2022 年被哈佛大学提前录取！据悉，2022 年早申请，哈佛大学没有在中国大陆地区录取学生。在如此严峻的形势下，哈佛大学为何对她青睐有加？十年风雨哈佛大学路，王馨怡的母亲是如何为女儿的成长进行规划的？

以下为王馨怡母亲的分享。

我是王馨怡的母亲，在接到孙校长的邀请来分享女儿的求学经验之前，我征求了女儿的意见。我对王馨怡说，如果你的哈佛大学之路能给大家一点参考，或者能带给大家一些启发、帮到更多孩子，就算是一种公益。这也是我分享的初衷。我主要想说的是，**在孩子的求学之路上，父母的规划很重要**。

◉ 从海淀到哈佛大学

王馨怡之前在人大附中上学，因为她喜欢打高尔夫球，梦想读美国的大学，所以我们选择了漂洋过海去美国读高中。相比而言，美国有一套很完整的中学生赛事体系，而且这对于申请美国的大学也更有优势。

到美国以后，王馨怡将主要精力都放在了学习上，功课非常忙，但是每天下午三点以后她基本都在练球，为参加美国的青少年高尔夫赛事做准备。

美国的青少年高尔夫项目有几个体系，王馨怡通常参加的是AJGA体系。在这个体系中，学生注册后，个人信息和比赛成绩、排名都是透明的，教练的联系方式也是公开的，教练和学生双方可以清晰、透明地相互了解，这为大学教练挑选学生提供了便利。

对于选手们来说，AJGA的经历不仅能锻炼他们、检验所学，还能帮助他们提高抗压能力、树立信心，并教他们如何在比赛中获胜。通过青少年比赛、大学联赛，然后进入职业赛场，基本上是典型的美国球手的成长之路。AJGA 也是展示选手实力、赢得大学青睐的一条绝好的途径。学生比赛成绩好，也很容易被关注。

王馨怡在参加比赛以后，排名最好时是在全美 30 名左右，2020 年 10 月，她还赢得了美国青少年公开赛冠军。从某种意义上来说，这个冠军就是一块敲门砖，她的大学教练就是在看到这个之后联系她的。大概在 2021 年年初时，她就已经收到很多录取通知了，其中包括哈佛大学的面试通知。

跟别的学校不太一样，哈佛大学在录取学生时首先会看学生的在校成绩 GPA，只有在 GPA 达到学校的要求之后，学生才能获得哈佛大学的面试机会。

美国的大学与国内的很多学校在招生程序上差异不大。国内的学校会抢生源，提前锁定优秀学生。美国的大学也是这样，这些优秀学生的"优秀"不限于文化成绩，还包括体育、奥数等方面的特长。因此，我觉得，尤其是哈佛大学这样的学校，当你的特长足以引起学校的关注时，它们会非常看重你的学习成绩以及面试时的表现——这三项决定了学生的去留。

哈佛大学有一位专门的招生主管负责面试，他会根据学生的回答，评估学生的潜力、时间管理技能、主动性、动机、兴趣和决断力等。王馨怡在面试中表现得很好，她也对自己进行了一次完整的评估。她在这次面试中的表现可能对她能否上哈佛大学起到了决定性的作用。之后，她又陆续收到了很多其他学校的录取通知，但因为她一心想去哈佛大学，便一概婉拒。

终于苦尽甘来。从参加面试到收到哈佛大学的录取通知，仅仅两周时间，王馨怡就被哈佛大学锁定了。从 2021 年 9 月份开始申请程序，到哈佛大学邀请她正式访校，期间所有的机票、住宿费用都由学校支付。预备学生们到校上了两天课后，如果决定要去读哈佛大学，就要写文书，还要进行校友面试，并正式提交标化成绩。这一切都很顺利。终于在 2021 年 12 月 16 日，王馨怡收到了哈佛大学的正式录取通知书。

◎王馨怡收到了哈佛大学的录取通知书。
该图片由王馨怡的母亲提供。

将兴趣变为特长

在女儿申请到哈佛大学之后，大家最关心的是，她是如何将打高尔夫球这一兴趣变成特长的？因为大多数小学、中学的孩子都会有一两个兴趣，但这些兴趣可能往往在后来并没有坚持下去，或是没能得到很好的发挥，没有成为申请大学时非常重要的参考项，也没有成为自己生命的一部分。从现实的角度来考虑，这着实可惜。然而，从执行难度上来讲，从兴趣到特长也不容易。

在我看来，兴趣与特长截然不同。要想把兴趣变成特长，大概需要达到半职业化水平，需要时间的积累。对于孩子来讲，最重要的就是时间的分配，因为他们要上学，还要把兴趣坚持下去，这的确不是易事。

王馨怡就是这样的。她每天正常上学。美国的学校通常放学比较早，王馨怡一般下午两点半、最晚三点半就放学了。她放学后的第一件事就是去练球，大概用两三个小时，结束后回家写作业。她这几年基本上都是这么过的。如果有比赛，她就得带上所有学习的东西，在飞机上、车上、吃饭前后，见缝插针地写作业。她基本上是我们家最早一个起床、最晚一个睡觉的，几乎从未在 12 点以前上床睡觉。

王馨怡非常善于管理时间，专注力非常强，效率高。平时她很会利用碎片化的时间。电脑、iPad、书，都是她日常的标配。她手上永远都有一个袋子，随身携带这些东西，随时随地都在抽空学习。她在校的 GPA 非常高，每年都可以拿到学校的荣誉学生奖。这个奖的分量也是很重的，我觉得这是对她学习能力的高度认可。

你可能会问，孩子会不会太辛苦了呢？据我观察，我身边很多打球的孩子都是这样生活的。其实，时间对于每个人都是公平的，每个人每天都只有 24 小时，但对时间的管控能力则会决定一个人的上限。

在兴趣变成特长的过程中，要是孩子想检验一下自己的水平，就可以去参加比赛，而且是不同级别的比赛，并在比赛中成长。以打高尔夫球为例,在美国分职业赛卡或者大满贯赛卡,对于女子来说,LPGA锦标赛(Ladies Professional Golf Association Tour)被视为最高的赛事平台,王馨怡就是以此为目标进行训练的。事实证明,赛事真的很重要。

● 内驱力来源于梦想与热爱

王馨怡能把兴趣变成特长,并且能取得优异的学习成绩,有人因此认为她是个天才。其实,只要能找到正确的方法,每个孩子都是天才。在我看来,王馨怡能做到常人做不到的事情,是因为她有很强的内驱力。

内驱力是一个人最核心的生命力。它就像汽车的发动机,是汽车正常行驶的保障。如果脱离发动机,仅靠外力拉或推,汽车就难以走远。孩子也是一样,如果缺少自我驱动,仅靠父母或老师的外部驱动,他们在短期内可能会取得不错的成绩,但从长期来看,其生命的厚度和人生的高度可能会受限。

对于王馨怡来说,其内驱力主要来自她的梦想和她对自己所做的事情的热爱。我觉得,对一件事的热爱太重要了。

第一,读哈佛大学是她一直以来的梦想。 这就是为什么尽管有很大风险,她还是婉拒了其他名校的录取通知。在这个梦想的感召下,她努力学习、刻苦训练,这一切都是实现梦想的必经之路,虽然辛苦,但她甘之如饴。

为梦想而努力的人是幸福的。身为母亲,我也能感受到她因梦想而发光的幸福感。她这种努力不是父母给予的,而是她自己要去做的，她的目标性很强。她热爱读书，并将读书培养成了一种习惯。2022年，她给自己规划要读24本书，1月底她就已经开始读第5本书了。我觉得，只要喜欢，她就不觉得难，就不会将其当作任务去完成，就会乐在其中，这可能是非常重要的。

第二，习惯。习惯有行为习惯、思维习惯、处理问题的习惯，我觉得这些东西对孩子来说也都特别重要。当她将自己要做的事情都渐渐变成了习惯，接下来这些就不再是一桩桩难事。比如，王馨怡在2019年的州际高中校队比赛中助力校队拿下州冠军，同年获得全美高中校队总冠军金戒指奖，在高中时担任高尔夫球队队长，这些都是水到渠成的事情吧。

父母的规划很重要

古人云："不谋万世者，不足谋一时；不谋全局者，不足谋一域。"父母的规划很重要。父母有规划，孩子才有更好的未来。我对王馨怡最重要的规划有以下三个。

第一，为了她的梦想，为她规划读美国高中。当王馨怡说要去读美国的大学时，我认为读美国高中可能会更有优势：（1）有语言环境，因为王馨怡在国内读的是公立学校，她到美国后可以沉浸在真实的语言环境中，能够很快提升英文水平；（2）美国有多个全国性的青少年高尔夫系列赛，赛事成体系，比赛覆盖面广、赛制完备、场次多且水平高，几乎每个周末都有很多高水平的青少年比赛在全美各地举行。参加系统的训练和比赛对于她申请大学和以后的成长都是大有裨益的。

第二，规划转学。第一年，王馨怡是在波士顿的一所很不错的学校就读，也拿到了荣誉学生奖。不过，波士顿位于美国的东北部，濒临大西洋，一年只有一季适合打高尔夫球。我觉得，高尔夫这种体育运动需要保证每天至少三个小时的练习，否则不可能打出好成绩。因此，从长远来看，为了让女儿拥有更好的未来，我们决定转学。

第三，是留在美国还是回国。美国的新冠疫情是从2020年2月开始迅速蔓延的。当时我跟孩子有一次长谈，我问她："疫情这么严重，我们是去还是留呢？"经过权衡，我跟她商量，为了她的长远考虑，我们还是要留下来。好在高尔夫运动是在开阔的户外进行的，不会受太大的影响。我们坚持做好自己的事情，并等待开赛的机会。直到2020年10月，她赢得了全美青少年公开赛冠军。回想一下，我觉得，如果没有这个规划，我们因疫情而一走了之，今天可能就是另外一个结局。因此，面对这种重大问题，我觉得还是需要父母帮助评估，因为孩子的经验、阅历有限，只能靠父母帮孩子来把握方向，这是很重要的。

经历了这些，有人说我是一位非常有远见的母亲，我更愿意相信父母对孩子要"左手规划右手爱"，而且在我看来，规划比日常关爱更重要。给孩子提供衣食住行，即使是请人帮忙也可以做到，但是对孩子进行观察，及时发现并解决孩子的问题，甚至是不断调整教育策略，这些只有靠父母零距离的陪伴才能做到。陪伴也处处都对父母的智慧提出挑战，很多东西其实都没有好坏之分，适合的才是最好的。

我们一直强调对孩子的成长要有规划，经过10年的规划我们将孩子送进了哈佛大学。我们培养孩子的过程，重要的只有10年。在我看来，父母10年的规划在一定程度上决定了孩子的成败，因此再怎么强调都不为过。大到一家企业、一个国家的发展，小到一个孩子的成长，关键时刻可能就那么两三次。在孩子成长的这些关键时间点上，父母一定不能犯错误。父母一定要凭借智慧帮助孩子做出正确的决策，父母的决定对了，方向对了，就能事半功倍。在孩子成长的过程中，父母应尽可能让他们少走弯路。一旦方向对了，还怕路远吗？

因此，我觉得王馨怡成功申请哈佛大学的故事也许可以告诉大家三件事：（1）一切皆有可能，哈佛大学并不遥远。（2）要做最好的自己。其实哈佛大学的录取并没有套路，也没有公式可循。你要问"如果我要去哈佛大学，那我应该选择什么运动，应该考多少分"，这些真的是没有一定之规，只要你做最好的自己，就有可能被哈佛大学看见，事实上也真的会被哈佛大学看见。（3）除了对孩子的关爱，父母最重要的使命就是为孩子做好规划，并且保证毫无差错地执行，这需要的是父母的智慧。

苏珊母亲的故事：美高女孩圆梦麻省理工学院

2021—2022年度美国本科早申请，名校录取的数据比往年都有很大的缩减，可谓"史上最难早申季"。尽管如此，就读于美国白宫附近的顶级私立寄宿美高的中国姑娘苏珊，凭着个人各个方面的优异成绩，同时被麻省理工学院和加州理工学院录取，并最终选择了麻省理工学院。

苏珊舍弃藤校而选择理工科院校的契机是什么？为了考上MIT，她做了哪些规划？以下为苏珊的母亲的分享。

远离故土赴美高

先说说孩子的成长经历。

苏珊从幼儿园到小学,我们都是就近上学。如果一切仍在意料之中,她初中也会上家门口的学校——平平淡淡,顺风顺水。

发生改变的契机,是我在她小升初之前与她的一次谈话。当时,我试探性地问她:"你想不想知道自己的能力有多强?想不想去挑战一下自己?"没想到,这句简单的话激发了孩子的挑战欲。

我们一起搜集了很多备选学校的资料,排除因户籍原因不能报考的,最后选择了深圳的一所民办寄宿学校。深圳的父母都知道,这所学校在深圳很有名,当年考入深圳四大著名高中的升学率非常高,学校的整体成绩在当年排名第一。苏珊去那儿后如鱼得水,初三前一直保持着年级前十名、班级前两名的成绩。

在她上初二时,我发现国内学生留学美国大学的升学率形势不太好。经过大量的研究我们发现,好多名校的录取指标都给了美高。于是,我就去深入研究美高,在了解到上美高对孩子的好处后,我感觉它特别适合苏珊,于是我也开始动员她去美高。

初二暑假后,我带着苏珊去美国访校,随后申请了美高,并被八所学校录取,最后我们选择了现在就读的学校。我主要考虑的是以下几个因素:(1)这所学校位于大城市,能让孩子开阔眼界;(2)学校开设的课程全面,以人文课程见长,理科也很不错;(3)这所学校是全寄宿制的,比较安全,让我很放心。

找到孩子的兴趣点

在帮孩子规划求学的过程中,我觉得最重要的一点是寻找孩子的兴趣点。以下为常用的方法:

- 看孩子哪门学科学得比较好,比如是数学还是生物;
- 通过参加夏校了解各个学科,比如去做实验,看自己是否喜欢;
- 参加实习,比如父母帮忙介绍去了解一些企业等;
- 通过参加比赛,让孩子对这门学科有深度的了解和研究;
- 从榜样(如父母、同学、学哥、学姐)那里获得经验,看看他们是如何凭借个人爱好一路走下去的;
- 父母提供指引,向孩子介绍各方面发展的前景如何等;
- 通过做性格测试,了解孩子更适合从事什么行业。

苏珊是通过参加竞赛找到的兴趣点。

从申请美高到发榜期间还有一段空余时间,苏珊就想着可以利用这段时间做一些事情。而且,她的申请顾问也希望她能提交新的资料作为补充。

一个偶然的机会,我看到一条关于 BrainBee 国际脑神经科学大赛的信息。当时该比赛由一个机构引进中国,第一名可以去海外参加全球比赛。不过,当时并没有任何培训机构能为选手提供赛前培训。我对苏珊说:"这个比赛看起来还不错,你有没有兴趣?不过,到底比什么内容我也不太了解。如果你感兴趣,可以试一下。"

苏珊的兴趣很广泛,她也乐意去了解。我们就上网搜索,找到一个视频讲座,讲了什么是脑科学以及大脑的结构、神经,还有各种医疗仪器,比如脑电图、核磁共振、CT,此外还介绍了脑部疾病(如

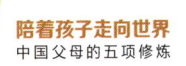

帕金森病、抑郁症、孤独症等）及其治疗方法。

苏珊一下子就来了兴趣，看视频、做笔记、查找资料，学习了很长一段时间。之后，她参加了广东省的比赛，并晋级全国总决赛，接着在全国总决赛中获得了二等奖。与其他高年级、团队报名的获奖者相比，她年龄小且以个人名义参赛，这个成绩大大鼓舞了她，从此她就爱上了神经科学。

制定完整的四年规划

一旦找到了兴趣点，努力就有了方向——苏珊想申请神经科学相关的学科和学校。

当时，我找做顾问的朋友一起帮苏珊做了一个总体规划框架。我们列举了四年后她期望入读的几所学校——这是一个大目标。然后，我们又将大目标分为多个小目标——GPA、标化成绩、夏校、竞赛、科研、公益、文娱爱好等。

这份四年规划是滚动式的，一开始并不是那么清晰，只是把方方面面的都列出来了。随后，我们又不断地根据外部环境的变化和女儿成长的情况加以调整、优化。

GPA

我们先查了苏珊所在高中的课程体系，了解它开设哪些课程，再看看哪些是与苏珊的兴趣相关的，并了解高中毕业的要求有哪些。然后，我们查了目标美国本科学校对录取学生有哪些要求。比如，MIT要求学生在高中四年学什么，斯坦福大学又有什么要求。接着我们还了解了就读美高的GPA的计算方法。

在苏珊上九年级时,我们基本上已经把高中四年的大课程做好了初步规划,每年动态调整。类似 MIT 这样的学校,非常看重学生的数学能力,因此我们感觉在 GPA 的数学选课方面难度非常大。比如,第一年是荣誉预备微积分,第二年是微积分,第三年是线性代数,第四年是多变量微积分。选择好 GPA 课程,也是 GPA 能得高分的保证。其他课程则是在保证裸分高分的情况下,尽量选择难度最高的课程。苏珊的理科非常好,英文基础相对于国际体系的孩子有些薄弱。我们的另一个策略是,在九年级打好文科基础,将大量的时间花在语言学习和写作上面。同时,充分了解课程难易程度和任课教师。这些策略为她 GPA 成绩名列全校第一打下了基础。

标化成绩

疫情期间,苏珊没有回国,在纽约待了七八个月,主要靠自己刷题,准备 SAT 1 考试。她首先参加了一个机构的模考,机构给了一些备考方案,然后她自己开始准备。她主要使用的是可汗学院的一些题型。我找了导师帮她答疑。目标是在十年级结束的暑假首考成绩达到 1550+。为什么要定这样的目标?因为 1550+ 是藤校的入门标化分数。同时也考虑到疫情原因,8 月份相对更加安全,考场取消的可能性较小。

为实现目标,我们形成了 SAT 1 考试的三个分策略:要考得成、考得出、不生病。然后,我们将这三个策略细分为很多小方案,一级一级地往下推。这有点像德鲁克的目标管理法,我们是将这样的工作方法用在了学习规划上。由于严格执行这样的策略,苏珊在十年级暑假结束的首考中顺利考出了 1580 分的成绩。

竞赛

在学科竞赛方面,对苏珊来说主要考虑的是数学和计算机。由于主申请学科是神经科学,因此我们在数学和计算机方面定的目标不算高。

在数学方面,苏珊在九年级开始学 AMC,目标是十年级要进 AIME[1](需要 AMC12[2] 成绩全球排名前5%)。到了十一年级,她就不需要考了,因为毕竟她不是申请数学方向,之所以参加数学竞赛,只是为了佐证其数学能力和科研基础。

九年级时,苏珊启动了计算机 Python 学习计划。事实证明,学 Python 对后面的比赛也非常有帮助。因为 ISEF[3] 和丘成桐高中数学竞赛等都是理工科比赛,需要用到数学、计算机、统计的相关知识。苏珊开始学计算机后就参加了美国信息奥赛,目标是在十年级前进入 USACO[4] 的黄金级。

九年级之前的暑假,苏珊还接触了机器人编程。到美高后,她加入了学校机器人队,做主力编程。后来,她还加入了国内的第一支

---

[1] AIME(American Invitational Mathematics Examination),即美国高中数学邀请赛。

[2] AMC(American Mathematics Competition),即全美数学竞赛,分为 AMC8、AMC10、AMC12,参赛者分别对应八年级、十年级、十二年级的学生。

[3] 英特尔国际科学与工程大奖赛,素有全球青少年科学竞赛的"世界杯"之美誉,是全球最大规模、最高等级、也是唯一面向九至十二年级(即初三至高三)中学生的科学竞赛。

[4] USACO(USA Computing Olympiad),即美国计算机奥林匹克竞赛。赛制从低到高,分为铜级、银级、黄金、白金四个级别。

女子 FRC[①] 机器人队，获得了当年的全明星新秀奖。刚升入十年级不久，她和团队一起去休斯敦参加了 FRC 机器人全球总决赛。

科研

我们重点考虑的还是科研方面。她上九年级时，我们先选了一个中学生科研平台机构推出的可穿戴设备科研项目。在达特茅斯学院一位教授的引导下，苏珊在暑期三个月就完成了从立项到查找数据、分析、写论文，再到最终的答辩。心理学通常都是通过量表方法进行验证的，她则采用脑电波分析，而且研究数据都是她个人采集的（获得了知情同意书），因此那位教授非常欣赏她。她不仅学会了如何做科研、写论文，还与教授成了朋友。苏珊在十年级申请高含金量的夏校时，教授还为她写了强推信。

十年级时，苏珊开始准备另一个科研项目了，由一位导师远程带她做脑电图睡眠分期研究。为了找到更好的分期方法，她先学了线性代数等课程，最后该课题获得了 ISEF 计算机方向北弗吉尼亚地区二等奖。

在十年级暑假时，苏珊被录取的 SSTP（Secondary Student Training）艾奥瓦大学夏校因疫情取消。于是，苏珊做了帕金森致病基因探索方面的科研。因为苏珊的姥爷是因帕金森病去世的，所以她特别想做相关研究。我们找到了一位导师远程指导她。苏珊还找到了 MIT 的有关帕金森病的实验老鼠数据集。这项科研最初进展得并不顺利，暑假过了一半，但是按既定科研方向没有取得任何进展，也没有任何发现。

[①] FRC（FIRST Robotics Competition），即国际九至十二年级中学生机器人对战赛，是一个由 FIRST（For Inspiration and Recognition of Science and Technology）集团发起的、在世界范围内有影响力的国际机器人比赛。

她似乎陷入了绝境。不过，苏珊并没有放弃，她又查看了大量文献，而且自己发电子邮件要到了牛津大学的数据集，并尝试用 R 语言来分析这个数据集与帕金森致病基因之间的关联。终于，她从这些数据中获得了一些有趣的发现，并写出了一篇质量较高的论文。由于这次的科研有创新发现，也有了论文写作经验，她顺利获得了丘成桐奖的北美生物冠军，然后又获得了全球铜奖。

十一年级时，她深化了这个项目，参加了 ISEF，获得了地区赛和州赛第一名，晋级决赛。

2022 年，苏珊获得了 2021 年度再生元科学天才奖（Regeneron Science Talent Search，Regeneron STS）[①]。

夏校

苏珊在九年级暑假参加了斯坦福为期两周的神经科学研习班。斯坦福大学的十几位教授讲述了神经科学在各个方面的发展，这让苏珊彻底搞清楚了这个学科到底是干什么的。

也许是因为苏珊在九年级暑假参加了很多活动，又有一篇小论文，再加上达特茅斯的教授为她写了强推信，因此她在十年级申请夏校时很顺利地被当时的顶级夏校——SSTP 艾奥瓦大学夏校录取。

在十一年级夏校申请文书上，她将自己做帕金森相关科研及获奖的经历如实记述，最终申请到了 SSRP（Summer Science Research Program）洛克菲勒医学夏校。SSRP 的录取率不到 5%，当年只有两名中国大陆学生被录取。

---

① 有美国"少年诺贝尔奖"之称。

实习

九年级暑假，苏珊去加州大学旧金山分校（University of California, San Francisco，UCSF）实习，实验室主要做的是与神经重症相关的课题。对于九年级的学生而言，实习主要是参观学习科研人员在大学里做什么科研，以及如何做科研。苏珊在实习期间认识了一名来自硅谷的男高中生，他自己写信联系上了这个实验室，跟随实验室做了两年计算机方面的课题，并独立承担了一部分深度学习的编程任务。实验室主任说，通过这名学生，他发现中学生真的能做科研。后来，这名学生被斯坦福大学录取。苏珊了解到美国孩子大多都是自己写信去联系实验室的，这名男生的成功给了她很大的触动。

通过九年级的初步科研，听了斯坦福大学的夏校课程，进入UCSF实验室实习，苏珊从这三个角度了解了自己到底是否真的喜欢神经科学。后来她告诉我，神经科学是她一定要去选择的努力方向，于是才有了十年级的深度科研和后面的一系列科研竞赛。

公益

公益方面，苏珊主要是做支教，平时是线上上课，暑假改为线下。她还跟着她所在的女子机器人队向贫困山区的中小学生推广STEM[①]活动。

她还发起了一个名为"We See You"（我们看到了你们）的公益活动，关注学校各岗位的工人等弱势群体。美国学校的工人大多来

---

① STEM 是科学（science）、技术（technology）、工程（engineering）、数学（mathematics）四门学科英文首字母的缩写。

自墨西哥，她便用西班牙语跟这些工人聊天，了解他们的需求和担忧，发动学生给他们拍摄肖像照，记录这些底层人物的真实故事，尽可能地去帮助他们。在MIT面试时，面试官对这个活动非常感兴趣。

个人特长

个人特长方面，苏珊在初中学了手机摄影。在美高九年级暑假时，她学习了相机摄影，之后还上了一系列课程学习人文摄影，并参加了摄影比赛。苏珊把摄影与公益相结合，拍摄了很多学校工作人员的肖像照与工作照，并在自己创建的校内网站上发布。在学校里，她还担任科学杂志社的主编。为了推广科学，她写文章，还组织大家投稿并修改投稿。同时，她还是合唱团女高音部的部长、表演小团体成员。

整体来说，我们的四年规划是定了一个大目标，并分解成很多小目标，又为每个小目标制定了很多策略，然后不折不扣地去执行。整体来看，申请MIT这样的名校，候选人的形象应是无短板且长板够长。

"无短板"是什么意思？就是GPA、标化成绩、AP考试成绩（苏珊的生物、化学、计算机、微积分BC都是5分，美国历史4分）都不错。而且老师的推荐信也很加分。

"长板够长"是什么意思？就是要有一个很明确的标签，比如，苏珊就是一个对神经科学方面非常感兴趣并且有一定研究的女孩。因为她申请的是理科学校，科研能力是一个很重要的考察方面，她在高中四年的活动也突显了其个人优势。

我认为，无短板且长板够长，也是美国藤校和其他名校录取申请人的逻辑。

后记

常有人问我，为什么你会从别人眼中的社会精英、国际顾问公司的高管转行到内卷的教育行业，还做起了留学业务？

在这本书付印之时，我想我可以揭晓答案了——因为，我是一个母亲。

十年前，我的儿子进入青春期。正忙于事业的我为了逃避冲突，在事先毫无准备的情况下，把儿子送去了美国读高中，后来他经历的困难与挫折远远超出了我的想象。如今，儿子已长大成人，去了名校，选择了自己喜欢的计算机专业，对自己未来的职业发展非常清晰，对人生、对社会也有着自己的理性思考，这让我非常欣慰。

我想，如今一定有大量父母像我当年一样，对孩子留学之路的挑战没做好准备，对教育孩子的规律也是一知半解。

于是，我用十年的时间探索了家庭教育的规律，希望与父母们分享，并给大家启发。我想，最重要的不是孩子去了哪所名校，而是与孩子一起走过的这条路。在这条路上，有彼此间的交流和冲突、对亲子关系边界的探索、对彼此的尊重、对成长的敬畏，还有对美国教育体系的深入了解、对职业和人生话题的平等对话。是孩子让我发现了更好的自己，让我在一个新的领域学到了更多、了解到了更多，也让我用我的专业研究能力，把这些年来的所闻、所思、所得总结出来，形成一套系统的家庭教育理论，陪着孩子走向世界。我希望我的努力能让更多还在培养子女的"黑箱"中摸索的父母们受益。

所谓"十年磨一剑"，就是这本书。

感谢儿子，感谢他的成长给了我启迪，也感谢他让我成为更好的母亲，为我带来一个全新的世界。

感谢我的哈佛大学教授们——费南多·雷默尔斯教授、罗纳德·弗格森教授、宋怡明（Michael Szonyi）教授、丘成桐教授。感谢你们对问校友家长学院的支持，为家长学院确定了方向和高度。

感谢哈佛大学校友们来问校友家长学院V课堂做分享。最初做分享的嘉宾几乎都是我的哈佛大学校友，还有《一站到底》节目中其他世界名校的校友们。感谢你们分享了自己的成功故事（很多是有关逆袭的故事），让更多学生看到了名校之光。

感谢哈佛大学校友的父母们，包括朱文琼、于星垣、邹翃燕、宋丹琦、王建军、王馨怡的母亲……感谢你们无私地分享自己的育儿故事，让更多父母感受到榜样的力量。

感谢受邀到问校友家长学院V课堂公益讲课的名人嘉宾们，包括杨澜、敬一丹、卢勤老师等，你们与父母们分享了非常有价值的观点。

我从你们身上学习了很多。你们的理念和经验也丰富了问校友家长学院的内容，也使本书得以成形。

最后，要感谢中国人民大学出版社的编辑们，愿意将我们的内部资料出版发行。

我又想起我父亲的话："孩子最终都是社会的，我们是为社会尽义务。"

让我们一起为社会培养更多优秀人才！

北京阅想时代文化发展有限责任公司为中国人民大学出版社有限公司下属的商业新知事业部,致力于经管类优秀出版物(外版书为主)的策划及出版,主要涉及经济管理、金融、投资理财、心理学、成功励志、生活等出版领域,下设"阅想·商业""阅想·财富""阅想·新知""阅想·心理""阅想·生活"以及"阅想·人文"等多条产品线,致力于为国内商业人士提供涵盖先进、前沿的管理理念和思想的专业类图书和趋势类图书,同时也为满足商业人士的内心诉求,打造一系列提倡心理和生活健康的心理学图书和生活管理类图书。

《聪明养育:给孩子更好的父母》

- 比"成为"父母更重要的是"胜任"父母。
- 随书附赠价值129元的同名线上课程。
- 张思莱、张怡筠作序,樊登、凯叔、倪萍、刘璇推荐。

《让孩子成为独一无二的自己》

- 好的教育就是尊重儿童的先天气质,顺性而为,从而成就孩子独一无二的潜能。
- 随书附赠罗静博士主讲的《原生家庭》在线课程(价值199元)。
- 张侃作序,高文斌、梅建、彭琳琳、王人平、王书荃、邬明朗、杨澜、张思莱、周洲联袂推荐。

《孩子的一生早注定：跟奶舅学幼儿习惯养成》

- 杨焕明院士、刘焕彬院士作序推荐。
- 中科院幼儿成长指导项目专家、微博十大科普大 V 奶舅吴斌倾心之作。
- 张侃、张思莱、蒋佩茹、邢立达、@六层楼先生、@牙医 Lina 联袂推荐。
- 近 10 年行为决策研究，4 年追踪研究近 200 个幼儿及家庭，严选近 30 个真实案例，详尽剖析养育大环境中的 6 个常见误区、不可忽视的 8 个养育现象、养育者的 5 个错误养育习惯，结合幼儿发展的 3 个层次，教幼儿养育者培养幼儿好习惯，提高幼儿 3 大能力。

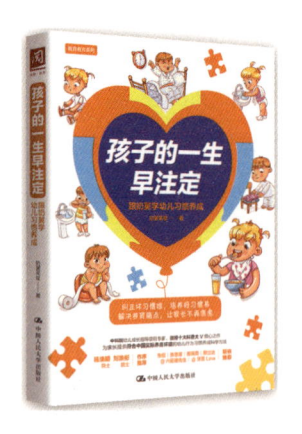

《孩子是选手，父母是教练：如何有效培养孩子的自主学习习惯》

- 为父母提供"双减"政策下更适合孩子的学习指导方法。
- 北京师范大学科学传播与教育研究中心副主任李亦菲、延边大学师范分院附属小学校长金海连作序推荐。
- 随书附赠《自主学习指导师指导手册》。